W9-AWP-452

"¡Brillante, poderoso y transformador! El libro del pastor Sergio habla acerca de la fibra fundamental de la sociedad: ¡el corazón! Sus pensamientos transformadores garantizan que elevará y ampliará tu andar con Cristo en la medida que revela verdades desafiantes que llevarán tu corazón a una novedosa y revolucionaria posición. Sergio te hará reír, llorar y reflexionar. Este libro es de lectura obligatoria para cada cristiano que anhela vivir al máximo potencial".

—**Art Sepúlveda,** pastor principal de Word of Life Christian Center, Honolulu, Hawaii

"Todos queremos experimentar algún tipo de cambio en nuestras vidas. Desde el principio de esta obra, Sergio De La Mora nos ayuda a descubrir que el verdadero cambio es, primero y principalmente, un asunto del corazón. Nos muestra que la única manera de experimentar un cambio verdadero es volvernos hacia Dios y abrirle nuestro corazón".

—**Ed Young,** es pastor de Fellowship Church y autor de *Outrageous, Contagious Joy*

"Al fin un libro que cautivó mi corazón con una visión para cambiar al mundo y que, además, muestra cómo hacerlo. Sergio De La Mora es la voz de la próxima generación y su libro *La revolución del corazón* es de lectura obligatoria. Si estás listo para salir de las gradas y participar en el juego de ver cambiar tu propia vida y la de otros, ¡este libro es para ti!"

—**Bil Cornelius,** es autor de *I Dare You to Change!* y pastor fundador de la iglesia Bay Area Fellowship, Corpus Christi, Texas

"El corazón y la pasión de Sergio De La Mora sangran a través de estas páginas. Sergio escribe como alguien cuyo corazón ha sido radicalmente cambiado y muestra cómo Dios puede transformar nuestros corazones. *La revolución del corazón* me desafió a amar del corazón, por lo que estoy agradecido. Léelo y tu también lo agradecerás".

—**Jud Wilhite,** es pastor principal de Central Christian Church y autor de *Eyes Wide Open*

"Tres palabras: real, relevante y revolucionario. Ten cuidado cuando leas este libro, tiene potencial para cambiar tu vida para siempre".

—**Israel Houghton,** artista cristiano ganador de un Grammy y líder principal de adoración de Lakewood Church, Houston, Texas

"En La revolución del corazón tu hallarás la convincente historia de un líder que ha hecho la transición del éxito a lo significativo. Sergio De La Mora ha cambiado cientos y aun miles de vidas rindiendo su corazón plenamente a los propósitos de Dios. Este es un libro que vale la pena leer, muestra un emocionante camino para una vida de perdón y propósito".

—**Bob Buford,** es fundador de Leadership Network
y autor de *Halftime: Moving from Success to Significance*

"El pastor Sergio De La Mora es un revolucionario! La revelación de Dios en la vida del pastor Sergio ha dado lugar a la revolución que el mundo necesita experimentar. *La revolución del corazón* trata acerca de dirigir esa revolución; primero en tu corazón y luego en el resto de tu vida. Abróchate tu cinturón de seguridad, estás a punto de ser revolucionado".

—**Dr. Samuel R. Chand,** líder de estrategia y arquitectura

"Este libro te retará a buscar que Jesús haga los cambios en tu corazón que harán los cambios en tu vida. Lo recomiendo altamente".

—**Benny Perez,** pastor líder de The Church at South Las Vegas

"Tu no vas a vivir la vida que has soñado hasta que te conviertas en la persona que Dios soñó. *La revolución del corazón* es un sencillo y profundo peregrinaje de cuarenta días que te ayudará a convertirte en la persona que Dios ha soñado mientras vences una vida de malos hábitos, heridas y frustraciones. Sergio De La Mora es un maestro en el arte de difundir pensamientos transformadores en maneras resumidas y poderosas. Sus historias personales, sus lecciones de vida y su sabiduría te ayudarán a experimentar tu propia revolución".

—**Danny Chambers,** pastor principal
de Oasis Worship Center, Nashville, Tennessee

"¡Sergio escribe con la pasión que vive cada día! Si estás preparado para sanar el dolor de tu pasado y abrazar el futuro que Dios tiene para ti, estás listo para *la revolución del corazón*".

—**Dave Minton,** pastor principal de
Capital Christian Center, Olympia, Washington

LA REVOLUCIÓN DEL CORAZÓN

EXPERIMENTA EL PODER DE UN CORAZÓN TRANSFORMADO

Sergio De La Mora

BakerBooks

una división de Baker Publishing Group
Grand Rapids, Michigan

Quiero dedicar este libro a mi padre, Salvador De La Mora, quien ha sido mi héroe más grande y la fuente de visión e inspiración. En nuestra sociedad, pocos hombres han tenido el privilegio de experimentar el verdadero amor paternal, y aun menos han tenido un padre a quien ellos puedan amar, respetar y honrar. Las palabras nunca podrán expresar el sentimiento de orgullo que le tengo a mi padre. Todo lo que soy se lo debo a Él. Estoy tan agradecido con Dios de ser el hijo de Salvador De La Mora. ¡Te amo, Papá!

This book is dedicated to my father, Salvador De La Mora, who has been my greatest hero and source of vision and inspiration. In our society, few men have had the privilege to be fathered, and even fewer men have had a father who they can love, respect, and honor. Words will never be able to express the sense of pride I have for my father. Everything that I am is because of him. I am so grateful to God that I am the son of Salvador De La Mora. I love you, Dad!

Índice

Prólogo

Todos, no importa cuál sea nuestra profesión, en qué cultura vivamos, ni cuál sea la economía o circunstancia demográfica en que estemos, hemos de reconocer que hay algo que nos gustaría cambiar en nuestras vidas. Desde el ama de casa, al camionero y al presidente de una compañía, todos confesaríamos que hay algo, algún aspecto o dimensión de nuestra existencia que querríamos cambiar, modificar un poco, dirigir hacia otra parte. Sin embargo, aunque quisiéramos cambiar hoy mismo, lo que estimula nuestro deseo no tiene mucho que ver con nuestras circunstancias actuales, pero sí con nuestras experiencias del pasado.

Tal vez puedas definir cuál fue el momento de tu vida en que te hirieron. Y ese recuerdo te mantiene en prisión, en un pasado que te encierra. O quizá recuerdes el momento en que fuiste tú quien lastimó a alguien más. Y entonces es la culpa, la vergüenza o la pena lo que te mantiene en esa prisión.

Más allá de si fuimos nosotros los causantes del dolor, o sus víctimas, ese dolor que sentimos es real. Eso va más allá de la mente, llega a lo profundo del alma. Aunque no podamos entenderlo del todo, sabemos que queremos cambiar eso, para pasar del dolor a un propósito nuevo con nuestras vidas.

¿Cómo hacerlo? ¿Hacia dónde vamos? ¿Dónde comenzar, para poder experimentar ese cambio que tanto deseamos? Esas preguntas son importantes. Y sus respuestas nos ayudan a llegar al cambio verdadero, perdurable. Cuando tenemos la determinación de no solo formular las preguntas sino también, buscar activamente las respuestas, descubrimos una realidad poderosa: aunque el cambio suele venir acompañado de conflicto, ¡al llegar, del otro lado encontramos que hay crecimiento fenomenal! Es el ciclo del éxito: cambio-conflicto-crecimiento. Todo comienza en el mismo lugar: el corazón.

Desde el principio de este libro, mi buen amigo Sergio De La Mora nos revela que todo este cambio que necesitamos es, primero y principalmente, cuestión del corazón. Y nos muestra el único camino para llegar al verdadero cambio: volvernos a Dios y abrirle el corazón.

Como dice Sergio: "Solo en las profundidades del corazón puede Dios traer sanidad, propósito y esperanza para un nuevo comienzo".

Este libro es una obra devocional que nació del deseo de Sergio de ayudar a todas las personas a descubrir todo lo que Dios tiene reservado para sus vidas, más allá del dolor. Su corazón y su pasión por los demás saltan a la vista con cada palabra, cada oración. A medida que leas estas páginas descubrirás que el ciclo hacia el cambio perdurable comienza cuando te sensibilizas, te vuelves a Dios y le pides que dé inicio a tu propia revolución del corazón.

Ed Young Jr.
Pastor principal, Fellowship Church
Autor de *Outrageous, Contagious Joy*
[Gozo inexplicable y contagioso]

TÚ Y LA REVOLUCIÓN

Complementa esta lectura viendo la primera parte
del videomensaje especial del pastor Sergio titulado:
Tú y la revolución

Visita www.sergiodelamora.com/heartrev

1

Cautivado por la revolución

Cada generación necesita una nueva revolución.

—Thomas Jefferson

Este libro tiene que ver con tu corazón. Nuestra sociedad ha subestimado el valor del corazón. Gastamos millones de dólares educando el intelecto de las personas, pero pasamos por alto lo importante; que es educar el corazón. Aunque creo en la educación intelectual de la próxima generación, creo que es igual de relevante educar sus corazones y darles poder.

Cuando Dios buscaba un rey para que guiara a Su pueblo, Su requisito no era el nivel intelectual del potencial monarca, sino la calidad de su corazón (1 Samuel 16:7). Es que tu corazón es tu patrimonio más valioso. Es el epicentro de tu vida, de allí surgen tus más profundos dolores, así como tus más grandes triunfos. Tu jornada, los próximos cuarenta días, comienza y termina en el centro de tu vida: tu corazón.

Las historias, las dificultades y los triunfos que conocerás en este libro son testimonios auténticos del poder transformador de Dios, que sigue manifestándose día a día. Tú y yo hemos sido llamados para que seamos revolucionarios. Tu llamado es a vencer los sistemas de creencia que no logran producir para ti esa vida que tanto deseas. La mayoría de las personas se sienten sin poder, a causa de su dolor y su sufrimiento. Pero ha llegado el momento de empezar a usar tu dolor para producir un nuevo poder que te dará impulso para que vivas una vida inimaginable. Una vida marcada por un nuevo comienzo, con una nueva perspectiva, una nueva pasión tras la cual querrás ir para vencer y recuperar ¡todo lo que te pertenece!

¡Usa tu dolor para producir un nuevo poder que te dará impulso para que vivas una vida inimaginable!

En tiempos de dificultades y desilusiones, nuestra visión se nubla. Perdemos la capacidad de ver claramente nuestras circunstancias del presente y las promesas para el futuro. Es en esos momentos, cuando nos sentimos sin fuerzas para avanzar en la vida es cuando, Dios aparece y calla esa voz amenazadora de lo desconocido.

Personalmente, tuve uno de esos momentos. Este libro, *La revolución del corazón*, comenzó con mi propio corazón. Y si Dios pudo transformar el mío, puede transformar el de cualquiera.

Crecí en Santa Bárbara, California, junto a mis cinco hermanos mayores. Mis padres habían llegado desde México y, aunque lograron tener éxito aquí en los EE.UU., nos costaba mucho alcanzar ese sentimiento de pertenencia. Mi hermano formó una pandilla a la que inevitablemente me uní, para que no me golpearan todos los días después de la escuela. Y muy pronto, la vida de las pandillas, las drogas y los cigarrillos de "polvo de ángel", eran mi forma de vida. Tenía trece años.

En el octavo grado, mi vida dio un giro. Fue el año en que me apuñalearon y casi quedo paralítico. Mis padres me obligaron a quedarme en casa, por lo que me conecté con una estación de radio universitaria, la KCSB. No lo sabía entonces, pero el destino había intervenido en mi vida. Cada fin de semana escuchaba a un *disc-jockey* que me cautivaba por su habilidad de conmoverme con sus palabras. Descubrí que esa estación de radio tenía un programa especial para *disc-jockeys,* de cualquier edad, si es que querían obtener su licencia de la Comisión Federal de Comunicaciones. Así que, allí estaba yo, un cholo de quince años, un pandillero, entrando al recinto universitario para obtener la licencia de *disc-jockey.* Fue una loca decisión que me salvó de las pandillas.

Así que abrí un negocio, una compañía de *disc-jockeys,* que terminó siendo la más grande en la historia de Santa Bárbara. Tenía entonces dieciséis años y promocionaba lo que fuera en la radio. Iba de fiesta en fiesta por toda la ciudad, me encantaba. Ganaba mucho más de lo que debiera permitírsele a cualquier adolescente y estaba a punto de firmar un contrato de siete años con una importante discográfica como *disc-jockey.* Si en ese momento le hubieras preguntado a cualquiera qué tal me iba en la vida, te habría dicho que tenía éxito, que era feliz, que lo tenía todo. Sin embargo, no era así. Era adicto a la cocaína, estaba encerrado en una vida que, en realidad, no me gustaba. Algunos de mis amigos ya habían muerto por sobredosis y, en lo profundo, yo sabía que era cuestión de tiempo antes de que todo eso por lo que había trabajado se derrumbara sin más ni más. Pero en lugar de enfrentar mis problemas, decidí perderme en una adicción que amenazaba con poner fin a mi vida.

Es difícil creer que un momento puede cambiarle la vida a una persona. Pero fue exactamente eso lo que me sucedió. El 4 de agosto de 1984 estaba repartiendo volantes durante las fiestas, promocionando uno de mis famosos bailes en la Calle State, cuando vi otro volante que promocionaba una iglesia llamada Cornerstone, en Santa Bárbara. Decía: "Jesucristo volverá. ¿Estás preparado?".

Apenas lo levanté, recordé un sueño que había tenido una semana antes mientras pensaba en el contrato que iba a firmar. En mi sueño, estaba de pie frente a un cruce del cual salían dos caminos de tierra. Había un cartel que me mostraba dos opciones: "Éxito en el mundo" y "Ministerio". Parecía que Dios me estaba diciendo: "Si firmas ese contrato tendrás éxito, pero perderás el propósito de tu vida. Sergio, sígueme". Recuerdo haber pensado: ¿Ministerio? Ni siquiera me interesaba seguir a Dios, y ni hablar de dedicar mi vida a Su servicio. Descarté la opción. Pero guardé el volante.

En mi desesperación por algo diferente en mi vida, unos días más tarde fui al evento que se anunciaba en el volante. Me senté en la última fila. Es irónico, pero la iglesia se había reunido en el mismo lugar donde yo había tenido un baile tiempo atrás. Sentí todo tipo de emociones: esperanza, pero mezclada con temor. Expectativa, mezclada con vergüenza. Antes de ir a la iglesia esa noche, había hecho dos cosas. Había consumido medio gramo de cocaína, porque jamás iba a ninguna parte sin antes drogarme. Y lo segundo es que le había dicho a Dios: "Si Tú puedes cambiar mi vida y quitarme esta adicción que llevo encima, haré lo que quieras".

Mientras el pastor hablaba de la muerte de Cristo en la cruz, como puerta que se nos abría al amor y al perdón de Dios, sentí que yo era el único que estaba allí. ¿Podía ser cierto aquello? ¿Podía amarme Dios en realidad? Me drogaba, era pandillero y le había dado la espalda. ¿No me convertía todo eso en un ser inaceptable?

No, decía el pastor. El perdón de Dios cubre todo pecado y Su amor alumbra incluso el corazón más oscuro. Durante algunos años la gente había tratado de hablarme de Cristo, pero yo no había querido escuchar. Ese día, sin embargo, la cosa era diferente.

Al final de su mensaje, el pastor preguntó: "¿Alguien quiere recibir a Cristo?". Yo levanté la mano. Y entonces me dijo: "Si quieres, ven al frente". Con la mano en alto todavía, y lágrimas rodando por mis mejillas, me dirigí al pasillo y seguí hasta llegar al frente.

Supe en ese momento que mi vida iba a dar un vuelco, un giro drástico. Sencillamente, no podía decirle que sí a Jesús y volver a vivir como antes. Así que me dije: "Voy a hacer lo que sea para tener esta nueva vida. Tal vez caiga, pero me levantaré. No voy a dejar de buscar a Dios. Podrán reírse de mí. O tal vez no me entiendan. Pero me niego a vivir según lo que piensen de mí".

Esa noche fui a trabajar a la estación de radio como siempre, pero consciente todo el tiempo de que la revolución de mi corazón ya había comenzado. Al sentarme ante el micrófono, presenté una canción muy conocida como lo había hecho

Sencillamente, no podía decirle que sí a Jesús y volver a vivir como antes.

en repetidas ocasiones, pero esta vez dije: "Y ahora aquí está un artista que está hablando del 666". Me quedé pasmado, inseguro de lo que me había pasado, y entonces me di cuenta de que ya no era la misma persona. Mi corazón se había transformado y mi vida había cambiado. Había sido ahora cautivado por la revolución. El gerente de la estación me llamó y me gritó: "¡¿Qué fue eso?!". Como no respondí nada, nuevamente gritó: "¡Mañana hablaremos!".

Al día siguiente le hablé de mi compromiso con Cristo. Respondió con una sonrisa: "Sergio. Esa es una etapa. Le pasa a muchos. Estarás bien. No tomes decisiones apresuradas. Lo que realmente quieres es más dinero". Me ofreció más comisión por los comerciales y me dijo que le haría grabar a Wolfman Jack la presentación de mi programa.

De inmediato contesté: "No. Ya no soy esa persona. Renuncio".

Esa semana vendí mi compañía de *disc-jockey*, dejé el programa, vendí mi equipo de audio de alta tecnología y no promocioné más bailes. De repente, para mis fans y seguidores, había dejado de ser un héroe para convertirme en un cero a la izquierda. Lo había perdido todo. Pero al perderlo, había encontrado mucho más. Inmediatamente me comprometí a servir en mi iglesia local en cualquier área que ellos necesitaran. En lugar de usar mi camioneta para transportar mi equipo de sonido para los bailes, ahora transportaba equipo y gente a la iglesia. Limpiaba los baños, acomodaba las sillas y estaba encargado del sonido. Mientras continuaba caminando en mi nuevo compromiso con Cristo, Dios abrió nuevas puertas. Conseguí un empleo en una estación cristiana. Mi corazón estaba tan lleno del amor de Dios, cautivado por esta revolución, que tomaba cada oportunidad para hablarles a los jóvenes de Jesús.

Una revolución del corazón, como la que viví yo, solo puede darse cuando estamos dispuestos a mirar hacia adentro y ser valientes, para vencer los viejos hábitos, la vieja mentalidad que vive dormida en nuestros corazones. Porque si no tenemos cuidado, la voz de nuestro pasado nos hará volver a caer en esos patrones conocidos. Decide hoy que serás diferente, negándote a permitir que el dolor de tu pasado te impida vivir en un nuevo nivel.

Dios no nos diseñó para que viviéramos sueños y propósitos pequeños. Nuestra antigua vida nos dice: "No vivas con expectativas. No tengas grandes esperanzas porque te desilusionarás". Pero Dios nos dice: "¡Sueña! ¡Cree! ¡A pesar de todo!".

Dios nos dice: "¡Sueña! ¡Cree! ¡A pesar de todo!".

A veces, las personas más cercanas, que conocen tu dolor, pueden ser justamente quienes te impiden avanzar. Pero es porque temen por ti. No quieren ver que vuelvas a sufrir. Así que, con buenas intenciones te dicen que disminuyas tus sueños, al tamaño que encaje con las exigencias frustrantes de la situación actual. Con un corazón revolucionado, puedes liberarte del dolor, la desilusión y el miedo. Pablo nos asegura que el amor de Cristo, por nosotros y en nosotros, nos da más que el poder suficiente como para conquistar lo que sea:

> Sin embargo, en todo esto somos más que vencedores por medio de aquel que nos amó. Romanos 8:37 (NVI)

Cuando decidí que iba a permitir que Dios revolucionara mi corazón, no sabía que podían verse afectadas tantas vidas, por una sola decisión. No sabía que iba a escribir este libro. No sabía que, junto con mi esposa Georgina y mis hijas, tendríamos el privilegio de fundar la Iglesia Cornerstone de San Diego, una de las iglesias con mayor crecimiento en los EE.UU. Tampoco sabía que Dios usaría a las siete familias que vinieron con nosotros de Santa Bárbara a levantar una generación de líderes comprometidos de todo corazón a transformar los corazones hacia Dios y hacia sus familias. Y tampoco sabía que Dios iba a usar a nuestra congregación para dar inicio a la revolución del corazón. Lo único que sabía entonces era que necesitaba que Dios le diera un giro a mi vida, que la cambiara, que pusiera fin al dolor que sufría.

En lugar de ver a un adolescente pandillero y drogadicto, Dios veía a un pastor, oculto en aquel joven de diecisiete años.

¿Qué es lo que Él ve oculto en tu interior?

El propósito de este libro es animarte a tomar este reto al corazón de cuarenta días y descubrir a quién ve Dios dentro de ti. Permite que este libro sea tu guía durante los próximos cuarenta días, conforme aprendes a vivir, amar y dirigir y desde tu corazón. Te reto a leer un capitulo por día y darle la oportunidad a Dios de revolucionar tu vida.

Para recibir un mensaje de la revolución del corazón de Sergio De La Mora, visítanos en la página www.sergiodelamora.com/heartrev.

El cambio que has estado buscando está encerrado en las páginas de este libro. Abre tu corazón y, conforme lo hagas, prepárate para que Dios te lance hacia tu destino.

Deja que comience la *revolución del corazón*.

2

Descubre el propósito de tu dolor

No es que sanemos porque resolvamos nuestro pasado, sino porque este nos ha llevado a una relación más profunda con Dios y con el propósito que tiene para nuestras vidas.

Dan Allender, sicólogo

¿Recuerdas el hombre de hojalata de la película *El maravilloso mago de Oz* que no tenía corazón? Cuánta gente ha pensado en un momento o en otro, que la vida sería mucho más fácil si hubieran nacido sin corazón. Una vida aparentemente sin dolor, sin lamentos ni desilusiones. A medida que maduraba y mi andar se acercaba más y más a Dios, descubrí que el corazón es justamente el origen del poder de la vida. Es allí donde Dios deposita lo más grande e importante, y es en al nivel del corazón que Dios suele enseñarnos las lecciones más relevantes. Es únicamente en lo más profundo del corazón de cada uno que Dios puede traer sanidad, propósito y esperanza para un nuevo comienzo. Cuando la sanidad se experimenta al nivel del corazón, el resultado es verdadera libertad. En el libro de Romanos, el apóstol Pablo pinta claramente la imagen de la libertad que Dios ofrece a través de Su Hijo, que nos libera hasta de las experiencias más dolorosas.

> Por lo tanto, ya no hay condenación para los que pertenecen a Cristo Jesús; y porque ustedes pertenecen a Él, el poder del Espíritu que da vida los ha libertado del poder del pecado, que lleva a la muerte. Romanos 8:1-2 (NTV)

Tu pasado no tiene porque castigar tu futuro. Más poderoso aun es lo que Dios nos dice: que Él se involucra personalmente en nuestro sufrimiento, ¡y que tiene un plan para cada situación!

> Te basta con mi gracia, pues mi poder se perfecciona en la debilidad. 2 Corintios 12:9 (NVI)

Qué alentador y vigorizante es saber que, pese a lo que nos suceda, ¡nuestro dolor no es en vano! Dilo de nuevo para ti mismo: *¡Mi dolor no es en vano!*

Tal vez hoy sientas desaliento porque pusiste tu corazón en las manos equivocadas, pero Él desea que confíes y sepas que quiere y puede sanar esos pedazos rotos de tu corazón y restaurar tu esperanza por mañana. Cuando dejamos que Dios vea todos esos pedazos, le damos permiso para que convierta ese dolor —que ponemos en Sus manos— en nuestra mayor fortaleza. Muchas veces, ¡es justamente ese dolor del que huimos el que Dios quiere que enfrentemos! Sé que es revolucionario ver el sufrimiento de esta manera, en una sociedad y cultura que intenta evitar y acallar el dolor. Pero creo con toda convicción que Dios hoy te está diciendo: "Dame tu corazón y usaré esa situación —por la que estás pasando—, ¡para que surja lo mejor de ti! ¡Puedo usar eso para que triunfes!".

Aunque los tiempos de dificultad no parezcan agradables en el momento, suelen ser el bisturí que Dios usa para hacer una operación en nuestro corazón, de modo que pueda sanar y restaurar la condición de nuestro corazón. Tu victoria está al otro lado de esa situación. Créelo, Dios puede darte la victoria. Tras años de servir como consejero, he aprendido que la mayoría de las personas no saben dónde poner el dolor que experimentan en la vida. Nadie les enseñó a prestar atención a lo que Dios les dice en medio de las dificultades, por eso no pueden más que enfrentar ese dolor sintiendo confusión y duda. Les tienta ocultarse tras el velo de la negación o practicar el juego de las culpas. Es mucho más fácil culpar a otros que asumir la responsabilidad de nuestras decisiones y dar esos pasos tan difíciles pero necesarios para corregir las cosas. Pero con solo un paso que des hoy en la dirección precisa, ¡puedes volver al camino correcto! Ahora mismo, puedes decidirte a transformar tu corazón hacia Dios, tu familia, y dar inicio así a la revolución en todas esas áreas de tu vida que has estado tratando de olvidar. Dios nos da, a ti y a mí, poder para dejar de marginar el dolor y empezar a usarlo ¡para tener ganancias provechosas! ¡Aquello que amenaza con aplastar tu corazón es la herramienta que Dios usará para lanzarte al destino que tiene designado para ti!

Entiendo que muchas veces nos resulte extraña la idea de que Dios tenga un destino para cada uno, porque lo que ha reinado en nuestras vidas es el dolor, ya sea heredado o autoinfligido. Cuando alguien ha vivido siempre bajo el peso del dolor heredado, suele perder la pelea por la vida ya que su corazón se quebranta debido a situaciones fuera de su control. Tal vez su madre, su padre o su cónyuge le abandonaron o ha sido víctima de la violencia, o han maltratado su espíritu con palabras sarcásticas y críticas. Quizás no podía controlar ni tenía responsabilidad alguna con ese familiar o ese ser amado que vivía en la adicción, la mentira o que se la pasaba perdido. La mentalidad de víctima asoma, entonces, amenazando con robarle el gozo y la esperanza de cosas mejores y más grandes. Por otra parte, el dolor autoinfligido es producto de nuestras propias decisiones. Nos acosan y nos persiguen decisiones que nunca hubiéramos deseado haber hecho. Tal vez fueron muy planeadas o las hicimos por impulso. Pero nos dañaron. Sin embargo, a los ojos de Dios no hay diferencia entre el dolor que heredamos o el causado por nosotros mismos. En cada momento, en todo tipo de dolor, Dios está dispuesto a, y es capaz de, convertirlo en nuestra mayor fortaleza. Dios anhela que acudamos a Él para que entendamos Sus planes y propósitos para nuestra vida. Sea cual sea el dolor, y pese a las circunstancias, ¡Dios quiere que sepamos que Él puede cambiar las cosas! Así como el salmista lo describe:

> Tú cambiaste mi duelo en alegre danza; me quitaste la ropa de luto y me vestiste de alegría. Salmo 30:11 (NTV)

En nuestra sociedad, los científicos han descubierto cómo usar los beneficios de la transformación convirtiendo el hidrógeno en combustible para autos. Como resultado, se obtiene energía y un poco de agua. Dos buenos derivados de la conversión. Y en una escala mucho más avanzada, las plantas verdes de todo el planeta usan la fotosíntesis para convertir el dióxido de carbono —gas venenoso en altas concentraciones— en oxígeno que da vida. De la misma manera, Dios tiene la maravillosa y asombrosa capacidad de convertir incluso las cosas más venenosas y tóxicas en nuestra existencia en fuerza, vida y entendimiento, si solo confiamos en Él. Hasta en los momentos más oscuros, ¡Dios es fuente de luz! Tal vez no podamos ver la imagen completa hasta tanto estemos cara a cara con Él, pero sí podemos tener la certeza de que Él sabe, de que le interesa y de que obra para que todo sea para bien. Eso es lo que escribió Pablo en su carta a los cristianos de Roma:

Dios puede convertir nuestro dolor en nuestra mayor fortaleza.

> Y sabemos que Dios hace que todas las cosas cooperen para el bien de los que lo aman y son llamados según el propósito que Él tiene para ellos. Romanos 8:28 (NTV)

Como pastor, una de las cosas que me llenan de gran gozo es ir más allá del púlpito para conectarme con la gente en un nivel más profundo y personal. Hace unos años, estaba llamando por teléfono a algunas personas que habían asistido a nuestra iglesia por primera vez. Quería agradecerles personalmente por habernos visitado. Esa mañana tuve varias conversaciones muy agradables, una de las cuales jamás olvidaré. Del otro lado de la línea estaba Chris, un hombre que —por decir lo menos— se mostró reluctante. Le pregunté si le había gustado nuestra iglesia y respondió: "No. La verdad que no".

Como percibí que la mano de Dios estaba sobre la vida de ese hombre, le pedí que considerara la posibilidad de volver y darnos una oportunidad más, pero el hombre contestó: "¿Por qué iba a hacerlo? ¿De qué serviría?".

Por mi entrenamiento en evangelización, yo sabía que una respuesta cínica suele provenir de un corazón quebrantado. Así que lo desafié: "Si nos das a Dios y a nuestra iglesia otra oportunidad, no lo lamentarás".

Usé una palabra que hizo explosión en el corazón de Chris: lamentar. Este hombre había vivido durante años carcomido por cosas que lamentaba. Empezó a contarme, en confidencia, que había hecho cosas que no tienen nombre. "Dios ya sabe todo lo que has hecho", le dije, "y, con todo y eso, te ama. No tienes que ser perfecto, solo estar dispuesto a ser perfeccionado".

Noté cierto asombro en su voz al saber que yo seguía del otro lado de la línea, y Dios —por medio del Espíritu Santo—, empezó a ablandarle el corazón. Mientras hablábamos, pudo empezar a confiar en mí lo suficiente como para abrir su corazón y contarme más sobre su vida. No traté de sanar todas sus heridas durante esa conversación. En ese momento, el hecho de escucharlo ya servía como medicina y no tenía ni idea si volvería a hablar con él.

El domingo siguiente, después del servicio, se me acercó un hombre y se me presentó. ¡Era Chris! Recuerdo que lo abracé. Le dije que estaba feliz de que hubiera venido y que apreciaba su decisión de darnos, a Dios y a la iglesia, otra oportunidad.

Durante los meses posteriores, Dios obró una maravillosa transformación en la vida de ese hombre. Se convenció de que el amor y el perdón de Dios podían alcanzar incluso a los añicos que quedaban de su corazón y hacerle con ellos uno nuevo. Continuamos reuniéndonos las próximas semanas y siguió abriendo su corazón para contarme acerca de los aspectos de su vida que desesperadamente necesitaban el poder transformador de Dios. Me explicó los detalles de los abusos que había soportado, el rechazo y la condenación que había sentido creciendo rodeado de religión, la manera en que la cocaína se convirtió en el medio de acallar su dolor al abandonar el hogar y una cantidad de relaciones rotas, y la vergüenza que sentía por haber abandonado a su hija. La desesperación lo llevo ultimadamente a algunos intentos de suicidio.

Con cada acto de sinceridad, Dios fue a su encuentro y comenzó a sanar sus profundas heridas. Chris inició la increíble jornada de ver que Dios restauraba su esperanza y renovaba su propósito en la vida, dándole una familia más grande y amorosa que jamás habría imaginado. Al cabo de unos años, tuve el privilegio de presentarle a la mujer que llegó a ser su querida esposa y, luego, madre de sus hijos. Hoy su familia se ha unido a esta *revolución del corazón*, y la ministra a miles de familias de nuestra iglesia, semana a semana. ¡Ese es el poder de un corazón transformado!

Todos esos años, el dolor había hecho que Chris se aislara de Dios, de su familia, de su hija y de los demás, pero durante una simple conversación telefónica —aquel día— Dios inició el milagro de la reconciliación en su corazón. La vergüenza que había sufrido por años reveló su desesperada necesidad de Dios, y Dios uso el dolor que tuvo que soportar para enseñarle cuanto le amaba. Meses después, me dijo: "Si Dios puede amarme y perdonarme, puede amar y perdonar a cualquiera".

Responde al llamado de Dios en tu vida y permítele que inicie esta revolución en tu corazón. Dios está más cerca de lo que piensas, más dispuesto a perdonarte de lo que puedas imaginar, y anhela mostrarte Su amor, mucho más de lo que puedes comprender.

3

Nuestros mayores dolores, nuestras mayores lecciones

Dios nos susurra cuando tenemos éxito, pero nos grita en medio de nuestro dolor.

—C. S. Lewis

Recuerdo que, como padres, hubo varias ocasiones en que mi esposa Georgina y yo tuvimos que dar un paso atrás para dejar que nuestras hijas aprendieran ciertas cosas "de manera difícil". Es muy duro hacer eso, pero sabíamos que se trataba de momentos clave, que como padres les dábamos a nuestras hijas las herramientas que formarian su carácter y su filosofía moral. Teníamos que mirar más allá del presente y resistirnos a la tentación de entrar para "arreglar las cosas" por ellas. Como resultado de esos momentos formativos, las hemos visto aprender a escoger congruentemente, *crecer* a través de situaciones en lugar de simplemente *pasar* por ellas.

Tanto en mi vida como en la de muchísimas personas, Dios modela el mismo principio para enseñarnos dos lecciones importantes: el respeto y la honra. Jamás olvidaré un ejemplo de esto en mi propia vida. Fue cuando mi padre tuvo que enseñarme cómo respetar y honrar mi relación con Dios por

> Decide *crecer* a través de situaciones en lugar de simplemente *pasar* por ellas.

sobre todo lo demás. Tenía once años y, para mí, la patineta era lo más importante del mundo. En todo momento de todos los días, siempre estaba esperando el minuto en que pudiera tomar mi tabla y salir a la calle. Iba rumbo a convertirme en un patinador semi-profesional, para lo cual era importante practicar todos los días.

Ahora bien, ser un De La Mora significa ciertas cosas: jamás te sientas a la mesa sin tener algo que contar sobre cómo fue tu día, sabes que el sábado es el día en que trabajas con papá en el jardín y los domingos vas a la iglesia y punto. La regla de mis padres para los domingos era: libertad para lo que quisiéramos hacer, pero solo hasta las cuatro de la tarde. La misa dominical era a las cuatro y media, y todos teníamos que estar en casa, listos para ir a la iglesia juntos. Era el ritual de los domingos y no había nada —absolutamente nada— que pudiera interponerse.

Bien, un domingo, estaba patinando en un parque, en la bella ciudad de Montecito, California. Ese día estaba determinado a aprender cómo deslizarme por el tazón sin caerme ni rasparme. Miré el reloj. Eran las 3:50 de la tarde. Decidí que todavía no me iría. Era un buen día y todo me estaba saliendo perfectamente bien. Solo necesitaba un poco más de tiempo. Papá iba a entenderlo, porque ese era mi futuro. Miré mi reloj una vez más: 3:56. Salté sobre la tabla y me deslicé, una y otra vez, yendo desde el borde hasta el fondo del tazón, cada vez más rápido, convencido de que estaba aprovechando bien mi tiempo. Confiaba en que mi decisión era la correcta. Al atardecer, volví a mirar mi reloj. Eran las 5:15. Hora de volver a casa.

Entré sin hacer ruido, por la puerta de la cocina. Presté atención, para ver si oía las voces de mis hermanos y mis hermanas. Todo estaba silencio. Sentí que perdía toda esa confianza que tenía, mientras pasaban los minutos y esperaba a que mi familia volviera a casa. Eran las 6:43 de la tarde. Oí que cerraban las puertas del auto y que sus voces sonaban cada vez más cerca de la cocina. Mi hermano mayor fue el primero en entrar. Me miró, hizo una mueca y meneó la cabeza mientras dejaba la bolsa de las compras sobre la mesa. De inmediato adopté un aire de superviviente, fingir o enfrentarlo. Con un gesto confiado salí por la puerta como si nada, para ayudar a descargar las bolsas que traían en el auto. Oí que mis hermanos reían en voz baja, y se decían cosas... cada vez en voz más alta. Mis padres, sin embargo, no decían nada. Eso, hasta que guardamos todo lo que había en las bolsas. Entonces llegó el momento inevitable.

Papá me miró, con ojos que expresaban disgusto. Sentí que no podía respirar. No tenía idea de lo que podía pasar. "Toma tu patineta y ven afuera conmigo", me dijo.

Ingenuo de mí, pensé: *¡Querrá ver lo bien que lo hago! ¡Tal vez no esté enojado conmigo!* Tomé mi tabla y corrí hacia fuera, listo para mostrarle mi habilidad. Papá dijo, mirándome: "Dame la tabla, Sergio".

Sentí que el miedo me recorría la espalda al entregarle mi más preciada posesión en su mano. Entonces, la levantó en el aire y la golpeó contra la banqueta, con una fuerza que jamás había visto en él. Miré mi tabla, que seguía intacta en sus manos, y dije tartamudeando pero con arrogancia de adolescente:

—Papá, es madera de roble. No se rompe.

Dijo entonces:

—Tal vez no se rompa, Sergio. Pero arderá.

Dio la vuelta, entró a la casa y echó mi amada tabla en la chimenea. Encendió un fósforo y le prendió fuego. Con lágrimas en los ojos vi cómo se quemaba mi tabla, sin poder hacer nada. Mis hermanos y hermanas observaban mudos a mis espaldas. Nunca había sentido tanto dolor en mi vida.

Todavía puedo oír lo que dijo mi padre en ese momento:
—Sergio, nunca habrá nada en tu vida que sea más importante que Dios a partir de este momento. Si le das el primer lugar, podrás tenerlo todo. Pero si lo pones en segundo lugar, no tendrás nada.

Ese día fue el momento en que mi relación con Dios cambió por completo. Papá me enseñó una lección que todavía arde a llama viva en mi corazón. Lo creas o no, esa experiencia produjo en mí más respeto y honra a Dios que antes. Las palabras de mi padre me dieron visión y rumbo para el futuro. Si permites que Dios revolucione tus situaciones más dolorosas, ¡te revelará que estás a punto de llegar al momento del gran cambio!

Sin la perspectiva de Dios, nos perdemos algunas de Sus más grandes lecciones, que se encuentran en esta tensión, entre el gozo y la tribulación. Piensa en la batería de un auto. Cumple su propósito por la potencia que proviene de la corriente positiva y negativa que contiene dentro. Cuando la batería se agota, hay que auxiliarla con cables de corriente negativa y positiva. Lo mismo pasa con la tensión del gozo y la tribulación en nuestras vidas. Es que necesitamos la corriente positiva tanto como la negativa, para que energice nuestro propósito, y llamado en la vida.

Las situaciones dolorosas nos hacen "tocar fondo" de maneras que las lindas situaciones no podrían lograrlo.

Las situaciones dolorosas nos hacen "tocar fondo" de maneras que las lindas situaciones no podrían lograrlo. Ahora, la buena noticia es que cuando volvemos el corazón a Jesucristo, que ha triunfado de manera suprema sobre toda tribulación, podemos vivir lo que Él nos promete en Su palabra:

> Les he dicho todo lo anterior para que en mí tengan paz. Aquí en el mundo tendrán muchas pruebas y tristezas; pero anímense [tengan valor, confianza, seguridad, audacia], porque

yo he vencido al mundo [lo he privado del poder de hacerles daño y lo he conquistado por ustedes]. Juan 16:33 (NTV)

El objetivo de Dios para nuestras vidas no es simplemente hacer que vivamos felices. Su deseo es que seamos santos, que nos parezcamos más a Él. Cuando hablo con gente que sufre, les recuerdo que Jesús conoció la vergüenza, la burla y el rechazo. Soportó el dolor increíble y a través de ese dolor, el autor de Hebreos nos habla de un misterio: el perfecto Hijo de Dios, "Aunque era Hijo de Dios, Jesús aprendió obediencia por las cosas que sufrió" (Hebreos 5:8). Aprendió a depender del Padre más que nunca. Si prestamos atención, veremos que Dios usa cada una de nuestras situaciones para darnos la oportunidad de depender de Él más que antes.

El escritor y profesor J. I. Packer observó que Dios tiene un propósito mayor que el de ayudarnos a evitar el dolor:

A esto apunta toda la obra de la gracia, a un conocimiento más profundo de Dios, y a una mayor comunión con Él. La gracia es Dios mismo, que nos acerca más y más a Él. ¿Cómo logra este propósito Dios con Su gracia? No al protegernos de los ataques del mundo, de la carne y del diablo, ni al guardarnos de las circunstancias difíciles y frustrantes, ni al evitarnos problemas causados por nuestro temperamento y sicología. No. Más bien, es al exponernos a todas esas cosas, para que nos abrume nuestra propia incapacidad, y para hacer que nos aferremos a Él con más fuerza. Esa es la razón suprema por la que, desde nuestro punto de vista, Dios llena nuestras vidas con problemas y perplejidades de un tipo u otro. Es para asegurarse que aprendamos a aferrarnos a Él con fuerza.[1]

¿Cómo respondemos cuando nos sentimos "abrumados por nuestra propia incapacidad"? Tal vez, queramos ocultarnos, devolver el golpe o culpar a los demás. Pero si hacemos esas cosas, dejamos de oír esa vocecita quieta que es Dios, que nos llama a acercarnos a Él. Cuando nos acercamos a Él, aumenta la confianza de que Él es mucho más grande que las circunstancias a las que nos enfrentamos.

Como pastor tengo, entre otros, el privilegio de ver cómo descubren las personas el potencial que Dios les dio al abrir sus corazones y vivir más abundantemente de lo que podían imaginar. El apóstol Pablo nos recuerda que cuando nuestros corazones se mantienen abiertos a Él no hay límite a lo que Él ha preparado para nosotros:

> Como está escrito: Cosas que ojo no vio, ni oído oyó, ni han entrado al corazón del hombre, son las cosas que Dios ha preparado para los que le aman. 1 Corintios 2:9 (LBLA)

La mayoría de la gente no se arriesga a abrir su corazón porque no se le garantiza que no van a sufrir. Pero no te permitas pensar que Dios desperdicia el sufrimiento. Para Dios, el sufrimiento es una posesión preciosa la cual Él transfiere a tu cuenta para que aprendas lecciones valiosísimas.

Una de las lecciones más grandes que he visto desplegarse del dolor han sido en la vida de un buen amigo mío, con quien he recorrido jornadas durante muchos años. Eric cargaba con el dolor que surgía de la brutal realidad de que toda su vida, su padre se negó a reconocerlo como hijo suyo, al punto que jamás lo invitaba a las reuniones familiares. Durante años, los casamientos, cumpleaños y funerales eran nada más que recordatorios de que para su padre, Eric no existía. Ese era su mayor dolor.

Para Dios, el sufrimiento es una posesión preciosa.

Mientras crecía, tomó decisiones basándose en ese dolor. En su vida, todo pasaba por el filtro de una emoción: el enojo. Era su mecanismo de defensa y seguridad. Aunque no podía cambiar el rechazo de su padre, podía impedir que se le acercara alguien para echar sal a sus heridas.

Un día, Dios obró en su vida a través de una mujer que supo ver más allá de su amargura. El amor de esa mujer lo hizo llegar a la iglesia y allí su vida cambió. Eric se encontró de rodillas frente a un Padre que jamás iba a abandonarlo ni a rechazarlo. A lo largo de los años, he visto a Dios transformar su corazón y el dolor del rechazo paterno. Eric descubrió el valor de ir hacia adelante, mejorando en lugar de amargarse, porque usó el dolor y el rechazo de su padre para acercarse a Dios. Como resultado, Dios le dio la oportunidad de ministrar a otros, en formas que jamás podría haber imaginado. Hoy es líder de grandes grupos de hombres y mujeres y, a través de su mayor dolor, ha aprendido algunas de las lecciones más valiosas. Hoy transfiere ese conocimiento a los grupos que dirige. Lecciones tales como:

- El rechazo de alguien no significa que todos te rechazarán.
- No abandones a otros, aun cuando a ti te abandonaron.
- Hasta que te cueste amar a alguien, no lo has amado en verdad.
- No solo porque te haya pasado algo significa que tengas que repetirlo.

Eric no podía evitar la lucha y el dolor que sentía, pero aprendió a poner fin a la maldición generacional del rechazo, de modo que no se repitiera en su relación con su hijo. Empezó a creer que Dios podía hacer mucho más de lo que él pudiera pedir, pensar o imaginar. ¡Y eso es exactamente lo que hizo Dios!

En su libro *Reaching for the Invisible God* [Buscando al Dios Invisible], Philip Yancey cuenta que "Gregorio de Niza dijo que la fe de San Basilio era 'ambidiestra', porque con la mano derecha daba la bienvenida a los placeres y con la izquierda a las aflicciones, convencido de que ambas cosas servían al designio de Dios para su vida".[2] Cuando nos convencemos de que Dios tiene buenos propósitos para nuestro dolor, llegamos a esa "fe ambidiestra", por lo que confiamos en Dios en las buenas y en las malas, sabiendo que nos está enseñando las lecciones más valiosas de la vida.

La "fe ambidiestra" confía en Dios en las buenas y en las malas.

Recuerda: lo que ves cuando cierras los ojos es más importante que lo que ves cuando los abres. ¡Cierra los ojos y decide ver tus más grandes dolores como tus más grandes lecciones!

4

El dolor de llegar a ser

Todos sufren para convertirse en la persona que han sido llamados a ser. Incluso la oruga sufre y lucha para convertirse en mariposa, antes de poder extender las alas para volar.

—Anónimo

Mi familia es propietaria de una compañía de jardinería, fundada por mis padres, Salvador y Soledad De La Mora, hace varios años. Ya a los nueve años, empecé a trabajar en ese negocio rastrillando hojas o haciendo lo que me mandara mi padre. Claro que no me gustaba. Los viernes, la mayoría de los niños sentían entusiasmo por lo que harían el fin de semana. Lo cual no era mi caso. El fin de semana significaba despertar a las siete de la mañana y salir a trabajar con papá. En la escuela, mientras los demás hablaban sobre sus planes para las vacaciones de primavera o verano, a mí nadie me preguntaba nada porque ya sabían lo que haría: iba a trabajar en los jardines de los demás, con mi padre. No era que él me privara de las vacaciones. Más bien, es porque creía en la disciplina. Creía en mí. Papá sabía que a menos que conociera personalmente lo que duele la disciplina, jamás podría llegar a ser aquello a lo que Dios me llamaba. Papá sabía que dentro de mí había un ganador, ¡pero que me haría falta la disciplina para que saliera a la luz! Siempre me decía: "El hombre disciplinado siempre gana". Papá debe haber comprendido bien la enseñanza bíblica que nos ofrece el libro de Hebreos:

> Ninguna disciplina, en el momento de recibirla, parece agradable, sino más bien penosa; sin embargo, después produce una cosecha de justicia y paz para quienes han sido entrenados por ella. Hebreos 12:11 (NVI)

Un sábado por la mañana, al bajar de su camioneta, me quejé:

—Papá, de veras me cuesta mucho venir a trabajar, en especial los sábados por la mañana. ¿Puedo irme a casa?

Me miró y contestó con una de las respuestas más profundas que haya oído jamás. Me dijo:

—Hijo, la vida es veinte por ciento gozo y ochenta por ciento dolor. Si aceptas de buena gana el ochenta por ciento de dolor y aprendes algo de ello, podrás disfrutar del veinte por ciento de placer sin nada que lamentar.

Allí estaba yo, escuchando y tratando de entender lo que me decía. Pero había más:

—Si te comprometes a asumir la responsabilidad, a ser puntual, a hacer un buen trabajo incluso cuando prefieras hacer otra cosa, tendrás algo que nadie podrá quitarte nunca: carácter.

Mi padre, Salvador De La Mora, es el hombre más sabio, más humilde, más apegado a los caminos de Dios que haya conocido en mi vida. Ese día sus palabras ardieron en mi corazón dejando una marca. Mucha gente sufre y lucha para poder llegar a ser aquello a lo que han sido llamados, porque no tuvieron un papá que les enseñara lo que mi padre me enseñó. Tal vez no tuviste un papá así en tu infancia. Quiero que creas conmigo que, sin importar a quién tuviste o no, Dios está dispuesto hoy a darte ese amor fraternal a través del dolor de la *conversión*. Para que seas el esposo, la esposa, el padre, la madre, el líder, la *persona* que Dios sabe que puedes ser.

Enfrentar la prueba de la conversión requiere un gran valor ya que implica confrontar el equipaje de tu vida. Todos llegamos a algún punto en nuestras vidas en donde, para poder seguir adelante, tenemos que dejar atrás el pasado.

Una de las más trágicas historias en la Biblia es la del rey Saúl. Por fuera, se veía como líder, con todo lo que eso implica: bien parecido, alto, fuerte, rico.

Pero cuando llegó el momento de ser rey, Saúl se encontró en un lugar que muchos conocemos: oculto tras el equipaje de la inseguridad, el miedo y la duda.

> **Para poder seguir adelante, tenemos que dejar atrás el pasado.**

Entonces Samuel reunió a todas las tribus de Israel delante del Señor... Pero cuando buscaron [a Saúl], ¡había desaparecido! Entonces le preguntaron al Señor: ¿Dónde está? Y el Señor contestó: Está escondido entre el equipaje. 1 Samuel 10:20-22 (NTV)

Lo que me encanta de Dios es que no descalificó a Saúl como rey porque este se escondía tras su equipaje. Como sucedió con Saúl, llegar a ser aquello que Dios te ha llamado requerirá que tengas que salir de detrás de tu equipaje. El equipaje —ya sea espiritual, emocional, relacional o incluso físico— siempre va a parecer más cómodo, más conocido y, de alguna manera, más seguro, que lo que tengas que hacer para convertirte en aquello que es tu llamado en la vida. Pero Dios te llamará desde donde estés, para que vayas adonde tienes que ir ¡porque Él ve la grandeza de tu futuro! Cree en Dios, cuando te dice que puedes vencer el dolor y el sufrimiento de tu pasado para llegar a ser ese hombre o esa mujer que destinó que fueras. Podrás sobrevivir a lo que fuiste porque Dios ha prometido, y de hecho es Su solemne voto, transformarte desde adentro al ayudarte a que te eleves por encima de las más difíciles y dolorosas circunstancias y desilusiones de la vida.

> Les daré un corazón nuevo y pondré un espíritu nuevo dentro de ustedes. Les quitaré ese terco corazón de piedra y les daré un corazón tierno y receptivo. Pondré mi Espíritu en ustedes para que sigan mis decretos y sean cuidadosos de obedecer mis ordenanzas. Ezequiel 36:26-27 (NTV)

Tal vez ese equipaje que te impide avanzar sea el miedo al fracaso. Quizá sientes que has cometido ya demasiados errores, tomando demasiadas decisiones equivocadas, y ahora temes volver a intentarlo. Puede ser que el equipaje tras el cual te ocultas sea todo lo contrario: el miedo al éxito. Es posible que el miedo a tener que vivir siempre cumpliendo las altas expectativas de tus éxitos anteriores te ha dejado viviendo una vida marginada.

Lee esta increíble cita escrita por Marianne Williamson, y deja que el mensaje fortalezca tu corazón:

> Nuestro mayor miedo no es fracasar. El miedo más grande es que somos poderosos, mucho más de lo que podemos medir. Es nuestra luz, y no nuestra oscuridad, la que más nos asusta. Nos preguntamos: ¿Quién soy, para llegar a ser brillante, espectacular, con talento, alguien fabuloso? En realidad, ¿quién eres para no ser todo eso? Eres hijo o hija de Dios. Tu diminuta manera de vivir, no está sirviendo al mundo. No hay nada de iluminado en esto de encogerse para que los demás no se sientan inseguros cuando están contigo. Eres alguien creado para brillar, como sucede con los niños. Naciste para poner de manifiesto la gloria de Dios que hay dentro de ti. Esa gloria no está dentro de algunos nada más. Está en todos nosotros. Cuando permitimos que nuestra luz brille, inconscientemente les damos a los demás permiso para que hagan lo mismo. Al liberarnos de nuestro miedo, nuestra presencia automáticamente libera a los demás.[3]

Dios te está llamando a que des el primer paso y comiences a dejar atrás ese equipaje, cualquiera que sea, que te impide avanzar. Una mujer de nuestra iglesia nos contó a mi esposa y a mí su camino a la plenitud.

Durante más de quince años de matrimonio, Cindy había soportado abusos, abandonos y, finalmente, el adulterio. Su esposo la había abandonado y criaba sola a sus tres hijitos. Como resultado, tuvo que mudarse a casa de un pariente. El dolor en la vida de Cindy había puesto un equipaje de vergüenza, preocupación e incredulidad frente a su futuro. En su desesperada búsqueda por esperanza y sanidad tuvo que decidir si permanecería herida y quebrantada o si tomaría la valiente decisión de dejar atrás todo aquello en lo que se había convertido su vida. Estaba en una crisis de fe. Cindy tomó entonces la atrevida decisión de aferrarse a Dios en medio de su angustia. Cuando permitió que le hablaran palabras de restauración y vida, que le llegaron al corazón, descubrió el poder que describe Hebreos:

> Pues la palabra de Dios es viva y poderosa. Es más cortante que cualquier espada de dos filos; penetra entre el alma y el espíritu, entre la articulación y la médula del hueso. Deja al descubierto nuestros pensamientos y deseos más íntimos. Hebreos 4:12 (NTV)

Esta mujer venció la mayor prueba de su vida, la de permitir que Dios obrara en su corazón para convertirse en esa mujer y madre que Él la había llamado a ser. Sin duda fue una de las decisiones más difíciles que tuvo que tomar y hoy sigue dando gracias por haber hecho esa decisión.

Parte de la transformación de Cindy tenía que ver con el hecho de que alguien le dio la mano y la rescató del equipaje, así como le sucedió a Saúl cuando fue elegido para que reinara sobre el pueblo de Israel.

> Entonces Samuel reunió a todas las tribus de Israel delante del Señor, y por sorteo se eligió a la tribu de Benjamín. Después llevo a cada familia de la tribu de Benjamín delante

del Señor, y se eligió a la familia de los Matri. Finalmente de entre ellos fue escogido Saúl hijo de Cis. Pero cuando lo buscaron, ¡había desaparecido! Entonces le preguntaron al Señor: ¿Dónde está? Y el Señor contestó: Está escondido entre el equipaje. *Así que lo encontraron y lo sacaron.* Era tan alto que los demás apenas le llegaban al hombro. 1 Samuel 10:20-23 (NTV, énfasis del autor)

Dios siempre te enviará personas ungidas y designadas por Él, llamadas a traer bendición y liberación. Te enviará a alguien que te ayude a ser lo que Él te ha llamado a ser. Te reto a que seas sensible a las personas que Dios ha puesto en tu vida. La Biblia habla de la protección, la fuerza y la fortaleza de entrar en el poder de trabajar con alguien más.

Es mejor ser dos que uno, porque ambos pueden ayudarse mutuamente a lograr el éxito. Si uno cae, el otro puede darle la mano y ayudarle. Pero el que se cae y está solo, ése sí que está en problemas... Se puede atacar y vencer a una persona sola, si son dos, se ponen espalda con espalda y conquistan; mejor todavía si son tres, porque una cuerda triple no se corta fácilmente. Eclesiastés 4:9-10, 12 (NTV)

El siquiatra cristiano Paul Tournier comparó las decisiones más importantes de la vida con un trapecio. Nos aferramos a la barra del trapecio mientras vamos de atrás hacia delante, en el aire. Pero para poder aferrarnos al trapecio siguiente, tendremos que soltar ese al que estamos agarrados. Podríamos pasar horas pensando, planificando cómo hacerlo pero, sencillamente, no podremos pasar al siguiente trapecio si no soltamos este que ahora nos sostiene. La imagen ilustra lo que significa enfrentar la prueba de nuestro dolor. Aunque sigamos aferrados al trapecio del dolor, del miedo y de los hábitos del pasado, podemos ver la libertad y el propósito que Dios quiere darnos en el futuro. Pero tenemos que actuar con valor: ¡tenemos que soltar lo viejo y aferrarnos

¡Suelta lo viejo y aférrate a lo nuevo!

a lo nuevo! Eso es lo que Dios te está pidiendo que hagas hoy. ¿Lo harás?

En su libro *The Meaning of Persons* [El significado de las personas], Tournier escribió: "La vida osada no es la que está exenta del miedo sino todo lo contrario. Es la que se vive conociendo a fondo todo tipo de temores, la que avanza, a pesar de todos nuestros miedos"[4].

He conocido a muchísimas personas que iniciaron su revolución del corazón escondidas tras el equipaje de su pasado. Allí donde antes ese equipaje las hundía y amenazaba con destruir su futuro, su esperanza, su restauración y la verdadera transformación ahora ha traído un futuro que vence y sobrepasa en mucho a su pasado.

¿Qué hay contigo? ¿Responderás hoy? ¿Saldrás de tu escondite, de detrás del equipaje, permitiendo que Dios te transforme el corazón para que seas la persona que te ha llamado a ser? Vale la pena hacerlo, se trata de tu futuro.

¡Vamos! No solamente es tu momento, es tu turno, ahora te toca aferrarte al trapecio y lanzarte hacia un nuevo comienzo. ¡Ve tras él!

PARTE DOS

EL PODER QUE HAY EN UN CORAZÓN TRANSFORMADO

Complementa esta lectura viendo la segunda parte
del videomensaje especial del pastor Sergio titulado:
El poder que hay en un corazón transformado

Visita www.sergiodelamora.com/heartrev

5

El poder transformador
de la gracia

No comprendo el misterio de la gracia. Solo sé que
viene a nuestro encuentro donde estemos. Pero jamás
nos deja donde nos encontró.

—Anne Lamott, novelista

¿Conoces a alguien que obtuvo lo que quería pero perdió
lo que tenía?

Así es la historia del hijo pródigo, uno de los relatos
más profundos que tiene la Biblia. En Lucas 15, Jesús habla
sobre un joven que decidió llevar una vida de autogratificación
inmediata. Al final, lo que obtuvo fue vacío y dolor en su corazón, por todo lo que había perdido.

Un hombre tenía dos hijos —continuó Jesús—. El menor de
ellos le dijo a su padre: "Papá, dame lo que me toca de la

43

herencia." Así que el padre repartió sus bienes entre los dos. Poco después el hijo menor juntó todo lo que tenía y se fue a un país lejano; allí vivió desenfrenadamente y derrochó su herencia. Cuando ya lo había gastado todo, sobrevino una gran escasez en la región, y él comenzó a pasar necesidad. Lucas 15:11-14 (NVI)

Aunque anhelaba volver a casa, le dolía el aguijón de la vergüenza, el arrepentimiento y la culpa. ¿Cómo lo recibirían? ¿Cómo podría su padre perdonarlo después de todo lo que había hecho? La única forma en que podía volver a casa era, ya no como hijo, sino como sirviente. De modo que transformó su corazón y decidió volver.

El milagroso poder del corazón transformado se ve en la respuesta de su padre:

Entonces regresó a la casa de su padre, y cuando todavía estaba lejos, su padre lo vio llegar. Lleno de amor y de compasión, corrió hacia su hijo, lo abrazó y lo besó. Su hijo le dijo: "Padre, he pecado contra el cielo y contra ti, y ya no soy digno de que me llamen tu hijo". Sin embargo, su padre dijo a los sirvientes: "Rápido, traigan la mejor túnica que haya en la casa y vístanlo. Consigan un anillo para su dedo y sandalias para sus pies. Maten el ternero que hemos engordado. Tenemos que celebrar con un banquete, porque este hijo mío estaba muerto y ahora ha vuelto a la vida; estaba perdido y ahora ha sido encontrado". Lucas 15:20-24 (NTV)

El hijo suponía que su padre vendría a su encuentro con acusaciones, críticas y juicio. Sin embargo, corrió hacia él con los brazos abiertos y cubrió a su hijo, no con culpa, sino con gracia y amor incondicional.

Tal vez sea esta una de las más bellas ilustraciones que nos da la Biblia sobre la forma en que nuestro Padre celestial nos da la bienvenida a casa después de que hemos tomado decisiones que hacen que nos sintamos indignos de ser llamados hijos o hijas suyos. Dios mismo abre sus brazos y los extiende hacia nosotros, no juzgándonos, sino con el poder de la gracia que transforma vidas.

Pude ver el mayor ejemplo de lo que es la gracia una noche mientras estaba en mi oficina después del servicio. Sean y Jennifer, un matrimonio muy querido en nuestra iglesia, casados por muchos años, nos habían contado poco antes la gran noticia de que tendrían otro hijo. Todos nos alegramos por ellos y esperábamos con ansias la llegada de su bebé. Esa noche, Jennifer en su octavo mes de embarazo, entro a mi oficina, llorando. Tenía un secreto que suponía iba a destruir a su familia. La atormentaban la culpa, la vergüenza y la condenación porque el bebé que tenía en el vientre no era de su esposo. Todos los días vivía con el dolor de lo que había hecho, el remordimiento la estaba destrozando.

Dios mismo abre sus brazos y los extiende hacia nosotros, no juzgándonos, sino con el poder de la gracia que transforma vidas.

Sin poder contener las lágrimas Jennifer reveló el terrible secreto que había estado guardando durante meses. Lloró porque necesitaba perdón y porque lamentaba lo sucedido. Pero más que nada, lloraba porque se sentía sumamente avergonzada. Observé a Sean, un hombre respetable, querido, con buenas conexiones, intentando entender lo que había oído. Era como si su mundo se hubiese venido abajo, como una tonelada de ladrillos... una vez más. Porque ya había estado casado antes y durante años le había pesado su propia culpa y dolor, al tratar de encontrarle el sentido a su fracaso en ese primer matrimonio. La gracia había triunfado finalmente en su corazón, Dios le había liberado para esta segunda oportunidad de amar y ser amado. Ahora, esta mujer a la que amaba necesitaba con desesperación esa misma gracia que le había cambiado la vida.

Con dolor y devastado, Sean se sentó en mi oficina obligado a tomar una decisión. Tenía todo el derecho de dejar a Jennifer, todo el derecho a divorciarse, a dejarla. Sin embargo, hizo lo impensable, todo lo opuesto a lo que habría hecho la mayoría de las personas. La perdonó, reconoció al bebé como propio, y jamás ha permitido que su esposa se avergüence de su pasado. La liberó, por el poder de la gracia.

Jamás sabrás si crees en la gracia hasta que te halles en una posición en que tengas que dársela a alguien que no la merece, o en una situación en que necesites que otro te la imparta. Jennifer tuvo una segunda oportunidad, de parte de Dios y de su esposo. Y nunca volvió a mirar atrás. Hoy, esa gracia que la liberó le da confianza y seguridad para ayudar a cientos de mujeres a entender su poder transformador.

Quizá hayas vivido toda la vida bajo el juicio de los demás, o de alguien en particular, y por eso te cuesta pensar en la posibilidad de que puedes estar libre de culpa y de acusaciones. La gracia que liberó a Jennifer es la misma que Dios te está ofreciendo.

Tal vez seas de los que no han entrado en la plenitud de la gracia de Dios sencillamente porque no crees que te haga falta. No sientes que hayas hecho algo "tan malo". No ha pasado por el dolor y el quebranto que han sufrido otras personas. Porque en realidad, siempre has sido un buen individuo.

En la historia del hijo pródigo, el hermano de este sentía exactamente eso. No había abandonado a su padre, ni había derrochado su herencia. Había hecho las cosas bien. Y cuando volvió su hermano menor, en vez de compartir la alegría de su padre, su corazón siguió guardando amargura, enojo y celos. Necesitaba gracia, justamente para poder ver a su hermano con los ojos de su padre, y no por el bien del otro, sino por el suyo propio.

Mientras tanto, el hijo mayor estaba trabajando en el campo. Cuando regresó, oyó el sonido de música y baile en la casa, y preguntó a uno de los sirvientes qué pasaba. "Tu hermano ha vuelto —le dijo—, y tu padre mató el ternero engordado. Celebramos porque llegó a salvo". El hermano mayor se enojó y no quiso entrar. Su padre salió y le suplicó que entrara, pero él respondió: "Todos estos años, he trabajado para ti como un burro y nunca me negué a hacer nada de lo que me pediste. Y en todo ese tiempo no me diste ni un cabrito para festejar con mis amigos. Sin embargo, cuando este hijo tuyo regresa después de haber derrochado tu dinero en prostitutas, ¡matas el ternero engordado para celebrar!".

Su padre le dijo: "Mira, querido hijo, tú siempre has estado a mi lado y todo lo que tengo es tuyo. Teníamos que celebrar este día feliz. ¡Pues tu hermano estaba muerto y ha vuelto a la vida! ¡Estaba perdido y ahora ha sido encontrado!" Lucas 15:25-32 (NTV)

La gracia de Dios les llega no solo a los que, como el hijo pródigo, saben bien que necesitan misericordia y gracia. También es para los que son como ese hermano mayor que todavía no comprendía que también necesitaba la libertad que la gracia nos da. También están los que lo intentaron todo por "dejar lo viejo atrás". Sin embargo, no han logrado borrar los viejos recuerdos, los viejos hábitos, la antigua forma de pensar. No es extraño entonces que por mucho que intenten ser buenos, pensar o actuar bien, les cueste tanto mantener su bondad. ¿Por qué entonces esforzarse?

Es como si tuvieran una barra de jabón y cada vez que fallan, en vez de acudir a Dios con sinceridad y pedirle que les ayude a cambiar sus vidas, sacan la barra de jabón y tratan de lavar sus pecados por sí mismos. Para algunos, ese jabón son sus buenas obras. Para otros, son las excusas o los argumentos. En ambos casos, jamás parece haber suficiente jabón como para lavar del todo ese dolor de no poder experimentar en verdad la libertad que solo proviene de la gracia de Dios. Nunca sanará la enfermedad espiritual del corazón que tanto nos acosa, si tratamos de lavar los pecados de nuestra vida con el jabón de "las buenas acciones".

La gracia de Dios nos rescata de creer en la mentira de que lo que hemos hecho nos define, y nos redime del pensamiento de que tenemos que estar constantemente pagando por nuestros errores. Todos hemos tomado decisiones que necesitan de la gracia transformadora que Dios nos ofrece. Esa gracia es el perdón que nos es dado gratis. Perdón que no merecemos, pagado por Cristo. Cuando transformas tu corazón y vives el maravilloso poder de su gracia, ¡te conviertes en una persona nueva en Cristo, con toda la plenitud, toda la vitalidad, y un nuevo comienzo!

La *revolución del corazón* comienza cuando declaramos con toda sinceridad que nuestros corazones necesitan el toque transformador de la increíble gracia de Dios. Jeremías no se hacía ilusiones en cuanto a la condición del corazón humano antes de que la gracia de Dios se le revelara:

Nada hay tan engañoso y perverso como el corazón humano. ¿Quién es capaz de comprenderlo? Jeremías 17:9 (DHH)

Y Salomón nos advierte:

Sobre todas las cosas cuida tu corazón, porque éste determina el rumbo de tu vida. Proverbios 4:23 (NTV)

El curso de la vida de una persona siempre será determinado por la condición de su corazón. ¿En qué condiciones está el tuyo hoy? ¿A quién te pareces en la historia del hijo pródigo? ¿Eres como el hijo menor, te sientes alejado de Dios, y desesperado por un cambio? ¿O eres como el mayor, que sintiéndose justo insistía en demostrar que era más aceptable porque había tomado mejores decisiones que su hermano, imponiendo la culpa en lugar de expresar la gracia? ¿O eres como el padre, y esperas que uno de tus hijos deje la vida de desenfreno y oscuridad espiritual? Cualquiera que sea el caso, escucha hoy la voz del Espíritu Santo que nos fue enviado para llevarnos a toda verdad, y responde al poder liberador de la gracia de Dios. Recuerda que del otro lado de tu obediencia, hay cosas grandiosas.

> **El curso de la vida de una persona siempre será determinado por la condición de su corazón.**

No hay situación que escape del toque de Dios. Cuando te atrevas a dar el paso, podrás esperar también cambios muy grandes en tu familia y en tu vida. Si dejas de imponerle límites a Dios, Él puede acelerar esa esperanza y sanidad que tanto anhelas. ¡Te desafío a que levantes el teléfono ahora, a que escribas ese mensaje de correo electrónico, ese mensaje de texto, o a que visites a esa persona!

Malaquías dice, en el último versículo del Antiguo Testamento:

Él hará volver el corazón de los padres hacia los hijos, y el corazón de los hijos hacia los padres... Malaquías 4:6 (RVR)

6

Revoluciona tus creencias

Dios no tiene religión.

—Mahatma Ghandi

A lo largo de mis años como pastor, he llegado a la conclusión de que el mayor obstáculo en una relación real con Dios es la religión. Mucha gente piensa que "religión" y "relación" son sinónimos, y ese error a menudo impide que entren en una relación legítima con Dios y experimenten un cambio genuino.

Religión es el intento de llegar a Dios por nuestros propios medios, haciendo buenas acciones para ganarnos la aceptación y la entrada al cielo. La *relación* legítima con Dios nace en un corazón al que la gracia derritió y moldeó y que anhela ahora agradar a Dios más que otra cosa, sin tener que probar nada ni ganar puntos con Él sino más bien, honrando a Aquel que nos ama tanto que estuvo dispuesto a morir por nosotros. La belleza de la relación genuina con Cristo es que obtenemos así acceso pleno a Su naturaleza y a Su carácter, mientras que la religión hace que operemos basados en una imagen de Dios que es incompleta y falsa.

Es que todos tenemos una imagen de Cristo que determina la forma en que nos acercamos y respondemos a Él. Para algunos, esa imagen es la de un Pastor tierno y gentil que cuida a Sus ovejas. Para otros, Él es una deidad vaga, con la que simplemente no se pueden relacionar. Hay otros que tienen la imagen de un Salvador sangrante, crucificado, aún en la cruz, y despojado de todo poder y autoridad. El problema con todas esas imágenes es que pintan a Cristo de manera inexacta e incompleta. Tomemos, por ejemplo, la imagen del Salvador crucificado, aún en la cruz, muerto por los pecados del mundo. La persona con tal imagen en primer plano puede sentir que tiene que pedir —una y otra vez— perdón por sus pecados. El problema con esto es que ¡Jesús ya no está en la cruz!

En esta sociedad, tan pendiente de las reglas, muchos intentan cumplir con las altas exigencias de la vida para que se les etiquete de aceptables y exitosos. La mayoría tendemos a seguir las reglas porque son la forma en que podemos ver y medir nuestro progreso en comparación con el de los demás. Esa es una manera muy "religiosa" de ver la vida. Si no estamos a la altura de los demás, tendremos que esforzarnos un poco más y si hacemos las cosas mejor que ellos, podemos sentirnos orgullosos de nosotros mismos. Aunque el problema que trae esta perspectiva es que —a pesar de que nuestra comparación con los demás nos brinda seguridad—, jamás podrá reemplazar la liberación y la aceptación que viene de una relación con el Dios viviente.

Como hijo, padre y pastor, he sentido el peso de la presión que produce tratar de cumplir con las expectativas y las percepciones de otros. En los inicios de la Iglesia Cornerstone, antes de que tuviéramos edificio propio, antes de que se formaran filas para entrar, antes de que hubiera más de un servicio, recuerdo haber oído las dudas de muchos, que me decían: "Jamás vas a poder armar y desarmar semana tras semana". Recuerdo haber estado sentado en una silla de plástico verde antes del servicio en la Preparatoria Hilltop, orando: "Dios, no puedo hacer esto sin Ti. La gente vendrá hoy a Tu casa y necesitan saber que Tú les amas a pesar de sus errores. No han venido a oír la voz de un hombre. Ayúdalos para que hoy oigan Tu voz, Dios". Enfocar mi atención en Dios y Su obra, me libero de pensar en las expectativas de los demás.

La relación con Jesús siempre te llevará a la mentalidad del "puedo hacerlo", mientras que la religión siempre se enfoca en el "no puedo...". A Dios no le interesa medir nuestros errores y éxitos. Solo quiere saber si creemos en Él y si nos mantenemos conectados con Él a través de una relación personal y auténtica con Su Hijo.

> **La relación con Jesús siempre te llevará a la mentalidad del "puedo hacerlo".**

Cuando la religión reemplaza una relación genuina con Cristo, nos desvía por un camino que nos niega justamente el poder que Dios anhela darnos. En una carta a Timoteo, Pablo advierte:

Timoteo, es bueno que sepas que, en los últimos días, habrá tiempos muy difíciles... Actuarán [la gente] como religiosos pero rechazarán el único poder capaz de hacerlos obedientes a Dios. 2 Timoteo 3:1, 5 (NTV)

El poder de convertir y transformar corazones y vidas no se consigue por medio de la religión, porque a esta le falta el poder esencial que cambia la condición de nuestros corazones:

- La relación nos transforma la vida; la religión hace que tratemos de mejorarnos a nosotros mismos.
- La relación nos permite recibir de Dios el poder que nos libera del pecado y la muerte; la religión nos hace profesar un poder que en realidad no tenemos.

- La relación nos da la perspectiva de Dios respecto a los que sufren y los que no son salvos; la religión nos hace criticar y condenar a aquellos a los que Dios quiere limpiar y sanar.

La vida religiosa lleva a la frustración, como vemos en Hechos 19. La milagrosa evidencia de la relación de Pablo con Jesucristo hizo que otros también buscaran lo milagroso. Pero sin la autenticidad de conocer realmente a Cristo, algunos hombres fueron incapaces de invocar a Cristo para expulsar demonios:

> Algunos judíos que andaban expulsando espíritus malignos intentaron invocar sobre los endemoniados el nombre del Señor Jesús. Decían: "¡En el nombre de Jesús, a quien Pablo predica, les ordeno que salgan!"... Un día el espíritu maligno les replicó: "Conozco a Jesús, y sé quién es Pablo, pero ustedes ¿quiénes son?" Hechos 19:13, 15 (NVI)

No podían vivir en el poder de la gracia de Dios porque no la habían experimentado. No podían dar sanidad a otros porque ellos mismos no conocían al Sanador. Habían escuchado de Aquel sobre quien predicaba Pablo, pero les faltaba conocerle íntimamente. Hay una diferencia entre conocer a Cristo de cerca, como lo conocía Pablo, y conocerlo a la distancia, como esos hombres. No importa qué es lo que hayas conocido de Dios en tu pasado, ¡se te ha llamado a conocer a Dios, a conocer Su poder sanador, de cerca y de manera personal!

La mayoría de las personas que han acudido a mí como consejero, se habían apartado de Dios no porque quisieran hacerlo sino porque sentían que no podían llegar a cumplir todas las normas y reglamentos que con frecuencia definen a la religión.

Hace muchos años, antes de que tuviéramos las instalaciones de nuestra iglesia, inicié un programa de televisión en un esfuerzo por traer gente a nuestra gran inauguración, para la que faltaban semanas. Un día, mientras estaba en mi oficina, sonó el teléfono. Cuando contesté, del otro lado una voz profunda y ronca me preguntó:

— ¿Es usted el pastor Sergio?

Respiré hondo y dije:

—Sí.

El hombre me dijo que había visto nuestro programa de televisión la noche anterior. Y luego, con profundo dolor y lamento, empezó a contarme su pasado. John había sido pandillero durante casi toda su vida y había cometido algunos de los crímenes más atroces. Confesó entonces que seguía formando parte de una pandilla conocida como la más violenta del sur de California.

Me dijo que había matado a algunos miembros de su pandilla porque habían tratado de salirse. La voz cansada de John me hizo imaginarlo como un hombre mucho más viejo de lo que era en realidad, por la vida que había llevado. Quería dejar el crimen y abandonar la pandilla. Me pude dar cuenta por la desesperación con que hablaba. Pero cada vez que estaba a punto de quebrantarse, se esforzaba por recuperar la calma y decía con voz tranquila aunque fría:

—No llamo por mí, pastor. Llamo porque necesito su ayuda.

Cuando le pregunté en qué podía ayudarlo, finalmente se quebranto y tardó un momento en recuperar la compostura y dijo:

—Pastor, ¿podría ayudar a mi familia a ir al cielo? Sé que yo no tengo perdón por lo que hice, pero ¿podría ayudarlos a ellos?

La voz de ese hombre tocó mi corazón y supe, sin lugar a dudas, que la llamada era algo que Dios había planeado. Lo que me dijo John durante el resto de la conversación fue que llamaba desde la penitenciaría federal, donde cumplía varias sentencias de cadena perpetua, consecutivas. Le aseguré que haría todo lo que pudiera para contactar a su familia y luego empecé a explicarle, lentamente, que el plan de salvación de Dios también lo incluía a él. Casi en son de risa, me dijo sin mostrar emoción:

—Pastor, la gente como yo no recibe perdón. He hecho tanto mal que no se me puede perdonar. Creo que Dios puede ayudar a mi familia, pero yo ya no tengo remedio.

Se me partió el corazón al ver que guardaba esperanzas para su familia, aunque para sí mismo solo conocía la desesperanza. Durante media hora me explicó por qué creía que los crímenes cometidos y el estilo de vida que había elegido le descalificaban para el perdón. Se me llenaron los ojos de lágrimas al oírlo:

—Dios jamás podría permitir que alguien como yo fuera al cielo.

Me conmovió tanto que me temblaban las manos cuando me rogó que me pusiera en contacto con sus hijos, para que no siguieran sus pasos. El sistema de creencias de John no le permitía pensar en la posibilidad de obtener perdón por los delitos que había cometido. Su mentalidad no le dejaba ver más allá de su pecado, le impedía experimentar el asombroso amor y la maravillosa gracia que Cristo le ofrecía. Esa fue una de las conversaciones más emocionalmente agotadoras que jamás he tenido. No podía colgar y dejar las cosas así. Estaba comprometido con él, con su familia y con su futuro. Muchos se habrían reído ante la loca idea de que este hombre pudiera tener un futuro. Pero yo no iba a rendirme sin luchar.

Durante dos años hablamos por teléfono muchas veces, siempre desafiándolo a que cambiara sus creencias, mostrándole lo profundo del amor de Dios por él. Unos días eran más duros que otros. Algunos eran mejores. Para mí, sin embargo, todo era agridulce; ya que jamás sabía lo que pasaba después que hablábamos, si pensaba en la conversación tanto como yo, o no. Tampoco sabía si volvería a llamar. Solo tenía que estar preparado, dispuesto, si él decidía contactarme.

John nunca entró por la puerta de mi iglesia, pero la salvación fue más allá de las paredes, y llegó a donde él estaba. Fui a la prisión, que para él era su hogar, y los dos —hombres adultos—, lloramos mientras él pronunciaba la oración de salvación. Tiempo después también tuve el privilegio de guiar a sus hijos a la salvación. Aunque John jamás salió de la prisión, su genuina relación con Cristo le dio una libertad que nadie podría quitarle jamás.

Así como con la experiencia de John, el dolor más grande de la humanidad es la necesidad de que algo cubra ese vacío que hay entre la religión y una genuina relación con Dios. El amor de Dios por ti es superior a la religión, tanto que te da acceso a entrar confiadamente en Su presencia. Eres Su hijo, Su hija, y el deseo más profundo de Su corazón es que conozcas Su amor, Su gracia y ¡Su perdón!

Dios puede revolucionar cualquier creencia y reconstruir cualquier fundamento. Si lo único que has conocido hasta ahora es religión, comienza ahora mismo a construir una relación con Él que te dé seguridad de Su infinito amor por ti.

7

La supremacía de Cristo

El mayor enemigo del cristianismo puede ser precisamente el que dice creer en Cristo pero que ya no siente maravilla, ni asombro.

—Mike Yaconelli, cofundador del
Ministerio Especialidades Juveniles

No hay circunstancia ni situación que enfrentemos que Jesús mismo no haya confrontado y vencido mientras estuvo en la Tierra. Pasó por la tentación, sufrió la burla, la traición y la incomprensión, para que pudiera transferirnos ese poder liberador que vence a la tentación, la burla, la traición y la incomprensión. Jesús nos transfirió, a ti y a mí, el poder para dejar de ser conquistados y ser conquistadores, de ser vencidos a vencedores, cuando afirmó:

Miren, les he dado autoridad sobre todos los poderes del enemigo; pueden caminar entre serpientes y escorpiones y aplastarlos. Nada les hará daño. Lucas 10:19 (NTV)

Esta es la razón principal por la que una madre soltera puede hallar esperanza y poder para elevarse por encima del dolor y la traición, o por qué el drogadicto puede hallar fuerzas para estar firme y vencer a la tentación de volver a drogarse, o el motivo por el que el adicto al trabajo puede encontrar la audacia para descubrir que vale más que su salario. ¡Ellos han encontrado la gracia de Dios y, por ella, el poder y la autoridad en Jesucristo para levantarse! Han descubierto que la supremacía de Él triunfa por encima de la humanidad. Mi oración hoy es que cuando camines en la plenitud del perdón de Dios, también puedas descubrir la grandeza de Su poder ¡que ahora vive en ti!

> **Mi oración hoy es que cuando camines en la plenitud del perdón de Dios, también puedas descubrir la grandeza de Su poder ¡que ahora vive en ti!**

La mayoría de la gente hoy se siente sin poder, para levantarse y librarse del peso de la deuda que cargan sobre sí, día tras día. Y hablo de deudas emocionales como también económicas. En estos últimos años, son muchos los que se han endeudado con su tarjeta de crédito, muchas familias que cargan con el peso de esa deuda, sumada a la de su hipoteca, el préstamo del auto y más. Y, con mucha frecuencia, esas deudas visibles se ven complicadas por las profundas y opresivas deudas emocionales que cargan en sus corazones. Cada pecado, cada desilusión, cada sufrimiento, crea una deuda en el corazón de esas personas. Fue ese tipo de deuda la que quebrantó el corazón de Jesús cuando miraba a las multitudes y veía el peso de la soledad y su angustia (Mateo 9:36). Fue esa deuda la que Lo llevó a la cruz, el único lugar donde podía pagar por los pecados de la humanidad y demostrar Su poder por sobre todas las cosas, incluyendo la muerte.

Hace muchos años conocí a Rick, un hombre que necesitaba estas palabras más que nada en el mundo. Estaba perdido en un mar de alcohol, sexo y pornografía desde su adolescencia. No terminó los estudios y, ya adulto, estaba deprimido y solo. Rick iniciaba y rompía relaciones, entraba y salía de empleos diversos, siempre anhelando encontrar el sentimiento del éxito y del logro que nunca alcanzaba. Y cada vez que fracasaba, oía de nuevo las voces de sus padres: "Eres un perdedor. Jamás tendrás éxito. Ya fallaste demasiadas veces. No eres capaz, Rick". La cara de enojo y frustración de su padre le perseguía cada vez que iniciaba algo... hasta que finalmente, dejaba de intentarlo.

El día que conocí a Rick, vi a un hombre atrapado tras años de dolor, cansado de perder, de fracasar, fatigado de sentir que no valía nada. No sonreía, solo hablaba lo necesario. Era como un cadáver que caminaba, prisionero de su identidad pasada, de sus viejos errores. Por mucho que lo intentara, no lograba liberarse. El dolor del rechazo y la culpa lo tenían atrapado. Durante semanas asistió a la iglesia con su novia en ese estado.

Hasta que un día se armó de valor para dar un paso al altar y entregar su vida a Cristo. Lo miré a los ojos y le dije: "No estás indefenso ni derrotado. No eres un desastre". Esas palabras cayeron en su corazón moribundo y empezaron a romper las capas de mentiras y errores. Rick empezó a llorar cuando Jesús derramó sobre él Su perdón, Su esperanza y Su fortaleza. Luego me dijo que en ese período de transformación, se había mantenido aferrado a las palabras del profeta Isaías, que dicen:

> Él da poder a los indefensos y fortaleza a los débiles. Hasta los jóvenes se debilitan y se cansan, y los hombres jóvenes caen exhaustos. En cambio, los que confían en el Señor encontrarán nuevas fuerzas... Isaías 40:29-31 (NTV)

El poder del Espíritu Santo que fue más fuerte que la voz condenatoria contra la que luchó Rick durante años, no solo le liberó sino que le dio valor para levantarse e ir tras lo que su corazón verdaderamente anhelaba. ¿Volvió a sentir el aguijón del fracaso después de eso? Sí, muchas veces. Pero ahora tenía dentro el poder ilimitado, la fuerza inagotable, para levantarse ¡y mantenerse en pie!

La experiencia de Rick es lo que describe Pablo cuando compara la condición de una persona con la de la prisión romana para los deudores. En su época, si alguien no podía pagar sus deudas, lo encerraban en una celda y en la puerta se clavaba una lista de lo que debía para que todos la vieran. Pablo les escribió a los creyentes de Colosas:

> Ustedes estaban muertos a causa de sus pecados y porque aún no les habían quitado la naturaleza pecaminosa. Entonces Dios les dio vida con Cristo al perdonar todos nuestros pecados. Él anuló el acta con los cargos que había contra nosotros y la eliminó, clavándola en la cruz. Colosenses 2:13-14 (NTV)

El acta de los cargos, "en contra" de nosotros, nos mantenía en prisión. Pero Jesús la tomó y la clavó en la puerta de Su celda, la cruz. Su compromiso de rescatar a los perdidos, de redimir a un mundo caído, se cumplió cuando pronunció Sus últimas palabras en la cruz: "Consumado es", y sobre nuestra acta de cargas o deudas, puso Su sello: "Pagado en su totalidad". Cuando decimos: "Somos libres", no afirmamos que nuestra libertad sea gratis. Afirmamos que entendemos que nos hemos librado de las deudas porque el Hijo de Dios pagó con Su vida. Pero la lista o acta, no solo cubre las deudas pasadas de los pecados cometidos, dichos o pensados. El acta por la que pagó Cristo cubre todos los pecados hasta el fin de nuestras vidas, hasta que lo veamos cara a cara. Todo... sin excepciones. ¡Es maravilloso!

Jesús tomó el acta de los cargos y la clavó en la puerta de Su celda, la cruz.

Por eso, Cristo no quiere que te limites a simplemente leer sobre quién es Él. Quiere que le conozcas personalmente para que puedas experimentar la libertad en maneras que jamás creíste posible. Lo más maravilloso es que Cristo no nos liberó y nos dejó después, sino que en una maravillosa extensión de Su gracia ¡nos da la bienvenida a la familia de Dios y nos adopta como hijos Suyos! Somos hijos e hijas del Rey, con el privilegio de acercarnos al trono, en cualquier momento, con lo que sea que tengamos en mente.

Cuando nos acercamos a Él y le conocemos más íntimamente, siempre hemos de mantener ese sentido de maravilla, de asombro ante Cristo, como para no llegar a darlo por cosa común. Porque aunque Él se hace accesible, no podemos perder de vista que acudimos a Dios Todopoderoso. El profesor y escritor J. I. Packer observó lo siguiente:

> Hoy se destaca mucho la idea de que Dios es personal, pero esta verdad se repite como dando la impresión de que es una persona igual a nosotros... ¡Ese no es el Dios de la Biblia! Nuestra vida personal es finita, limitada en todo sentido, en espacio, tiempo, conocimiento, poder. Dios, sin embargo, no tiene límites como los nuestros. Él es eterno, infinito, todopoderoso. Nos tiene en sus manos; nosotros jamás lo tenemos en las nuestras. Como nosotros, Dios es personal. Pero, a diferencia de nosotros, es grande. Al destacar constantemente la realidad del interés y el amor personal de Dios por su pueblo, y la ternura, el amor, la paciencia, comprensión y compasión que muestra con ellos, la Biblia jamás permite que perdamos de vista su majestad y su ilimitado dominio por sobre todas sus criaturas[5].

La maravilla ante la grandeza de Dios y la supremacía de Cristo son elementos esenciales de la fe genuina. Es esa revelación de Su magnificencia, de Su radiante grandeza, lo que hace que nos detengamos a reflexionar cuando oramos, en vez de solo repetir un rezo a la ligera. Es lo que mantiene nuestros corazones asombrados y maravillados de que Él nos llame amigos.

Te desafío a que cierres los ojos y le pidas a Dios que te brinde una perspectiva más amplia de la persona que tienes viviendo dentro de ti. Pídele que te revele Su supremacía, autoridad y dominio por sobre todo lo que hoy te está haciendo sufrir. Si no sabes cómo decírselo, repite conmigo la siguiente oración:

Señor Jesús:
   Ayúdame a entender más profundamente quién eres en mi vida. Ayúdame a ver que eres más grande que mi problema y lo único que necesito. Necesito Tu fortaleza hoy para poder ver mi vida a través del gran precio que pagaste en la cruz, de modo que nunca dude de Tu poder para ayudarme a vencer cualquier situación. Tu gracia me cubre hoy y me da autoridad y capacidad para declarar que no soy aquello que hice en el pasado, que no soy lo que era antes. Gracias por aumentar mi fe en cuanto a lo inimaginable, ¡porque sirvo al Dios de lo más que suficiente!
   En el nombre de Jesús, amén, amén, amén y amén.

Sumérgete en la maravillosa bondad de Dios y en Sus propósitos contigo. Descubre el valor que hay dentro de ti. Permite que tu corazón sea adoptado en Su familia, para que puedas ver el poder y la autoridad que Dios te ha dado, como Su hijo o Su hija. Empieza a creer en los planes de Dios, que son mucho más grandes y profundos de lo que jamás puedas imaginar.

Hoy es el día en que puedes empezar a hacer cosas maravillosas para servir a Dios y a su reino, de manera que por tu testimonio el mundo sepa que también ellos pueden levantarse.

8

Tú y el Espíritu Santo

Si pensamos en el Espíritu Santo solo como un poder o influencia impersonal, nuestro pensamiento constante será: "¿Cómo puedo aferrarme y usar al Espíritu Santo?". Pero si lo vemos de manera bíblica, como Persona divina infinitamente sabia, infinitamente santa, infinitamente tierna, entonces nuestro pensamiento permanente será: "¿Cómo puede entrar en mí y usarme el Espíritu Santo?".

—Reuben Archer Torrey, evangelista

Llegará un momento en el andar de todo creyente en que Dios le pida que conozca otra parte de Él. Este capítulo destaca la importancia del Espíritu Santo debido a que muchas veces es la persona de la Trinidad a la que menos atención se le presta. En la última conversación que Jesús sostuvo con Sus discípulos antes de que lo arrestaran, les dijo que el

Espíritu Santo vendría para estar con ellos después que Él se fuera.

> Les digo estas cosas ahora, mientras todavía estoy con ustedes. Sin embargo, cuando el Padre envíe al Abogado Defensor como mi representante —es decir, al Espíritu Santo—, él les enseñará todo y les recordará cada cosa que les he dicho. Juan 14:25-26 (NTV)

Y luego explicó el papel del Espíritu Santo:

> En realidad, es mejor para ustedes que me vaya porque, si no me fuera, el Abogado Defensor no vendría. En cambio, si me voy, entonces se lo enviaré a ustedes, y cuando él venga, convencerá al mundo de pecado y de la justicia de Dios y del juicio que viene. El pecado del mundo consiste en que el mundo se niega a creer en mí. La justicia está disponible, porque voy al Padre, y ustedes no me verán más. El juicio vendrá, porque quien gobierna este mundo ya ha sido juzgado. Juan 16:7-11 (NTV)

Jesús no nos dejó solos para que tratáramos de hacer Su voluntad. Cuando nos convertimos, cuando creemos en Él, el Espíritu Santo entra en nuestras vidas y habita en nuestros corazones. A veces muchos se preguntan si el Espíritu Santo no es más que una fuerza ambigua e impersonal, pero la Biblia afirma que es una persona, igual en todos los aspectos a Dios Padre y Dios Hijo. Es el tercer miembro de la divinidad. La Gran Comisión de Jesús a los discípulos revela la unidad de la Trinidad:

Muchas veces, el Espíritu Santo es la persona de la Trinidad a la que menos atención se le presta.

> Se me ha dado toda autoridad en el cielo y en la tierra. Por lo tanto, vayan y hagan discípulos de todas las naciones, bautizándolos en el nombre del Padre y del Hijo y del Espíritu Santo. Enseñen a los nuevos discípulos a obedecer todos los mandatos que les he dado. Mateo 28:18-20 (NTV)

Dios es Padre, Hijo y Espíritu Santo. Y todos los divinos atributos que se les acreditan al Padre y al Hijo, también se le otorgan al Espíritu Santo. La Biblia nos da un poderoso entendimiento del carácter y de la naturaleza divina del Espíritu Santo. Tiene intelecto, emoción y voluntad (ver 1 Corintios 12:11; Romanos 15:30). Antes de Cristo, la presencia de Dios habitaba en el templo de Jerusalén. Ahora habita en los corazones de los creyentes, a través del Espíritu Santo.

A medida que conoces más personalmente al Espíritu Santo, ves que hace lo que Jesús prometió: te guiará, te ayudará a entender la verdad, te usará para guiar a otras personas a Cristo, te equipará y te dará poder para servir a Dios en todos los aspectos de tu vida. Por tanto, te animo a sensibilizarte siempre al ministerio del Espíritu Santo en tu vida, hoy mismo. Él está allí para ayudarte y guiarte, para producir en tu vida el carácter de Dios. Cuando sientas que te faltan los atributos de Dios, como la paz, el amor y el gozo, el Espíritu Santo comienza a obrar dentro de ti para cultivarlos en tu corazón.

En cambio, la clase de fruto que el Espíritu produce en nuestra vida es: amor, alegría, paz, paciencia, gentileza, bondad, fidelidad, humildad y control propio. Gálatas 5:22-23 (NTV)

Medita en las palabras de Jesús, como nos las ofrece la Biblia Amplificada:

Y le pediré al Padre y él les dará otro Consolador [Consejero, Ayudante, Intercesor, Abogado, Fortalecedor, Apoyo], para que pueda permanecer con ustedes por siempre. Juan 14:16.*

El Espíritu Santo ha sido enviado para nuestro beneficio. Él se convierte en todas esas cosas asombrosas en nuestra vida,

---

* Traducción libre de *Amplified Bible* [Biblia Amplificada]. Texto original en inglés: And I will ask the Father, and He will give you another Comforter (Counselor, Helper, Intercessor, Advocate, Strengthener, and Standby), that He may remain with you forever (John 14:16).

cuando le damos la bienvenida y le permitimos entrar en nuestros corazones. Deja que hoy estas palabras resuenen como nuevas en tu corazón: tienes un Consolador, un Consejero, un Ayudante, un Intercesor, un Abogado y un Apoyo dentro de ti, que jamás te abandonará. El Espíritu Santo te ayuda incluso cuando no sabes cómo o por qué orar. Pablo escribe:

> Además, el Espíritu Santo nos ayuda en nuestra debilidad. Por ejemplo, nosotros no sabemos qué quiere Dios que le pidamos en oración, pero el Espíritu Santo ora por nosotros con gemidos que no pueden expresarse con palabras. Y el Padre, quien conoce cada corazón, sabe lo que el Espíritu dice, porque el Espíritu intercede por nosotros, los creyentes, en armonía con la voluntad de Dios. Romanos 8:26-27 (NTV)

Cuando el Espíritu Santo habita en ti, se convierte en el "sello" de Dios en tu vida, y actúa como garantía de tu herencia (Efesios 1:13-14). El Espíritu Santo actúa como fuente de poder en la vida de cada creyente. Es el Espíritu Santo quien te da nueva revelación y sabiduría (Efesios 1:17-18). Es el Espíritu Santo quien te da nuevo valor para dar testimonio a quienes te rodean (1 Timoteo 3:13). Es el Espíritu Santo el que nos da poder para tener esta vida revolucionaria (Ezequiel 36:27). Y es el Espíritu Santo quien nos bautiza con fuego y pasión, mediante la evidencia de hablar en otras lenguas (Hechos 1:8; 2:4).

Permite que Dios traiga hoy cosas nuevas a tu vida, a través del Espíritu Santo. Abandona toda idea preconcebida que puedan haberte dicho acerca de Él. Dale la bienvenida en tu corazón, para que pueda compartir contigo los secretos del Padre, interceder por ti, y darte el don y el poder para vivir de manera revolucionaria. Él es la batería en tu andar con Cristo, ¡el que mantiene tu pasión y energía por Dios siempre activa y viva!

Él es la batería en tu andar con Cristo.

Muchas veces el mundo no entiende el poder y los propósitos del Espíritu Santo, por lo que como resultado, muchas iglesias no buscan activamente una relación con Él. Muchos cristianos callan en vez de decir que están llenos del Espíritu porque temen que los malentiendan, o porque sencillamente creen no tener suficiente entendimiento sobre cómo obra el Espíritu Santo en sus vidas.

Hace años, un hombre me dijo:

—Pastor Sergio, amo a Cristo y quiero seguirle, pero todavía no estoy del todo convencido en cuanto al Espíritu Santo. No estoy seguro de que en realidad exista.

Le propuse un desafío y luego me dijo que eso había cambiado todo en su relación con el Espíritu Santo. Lo miré a los ojos y le dije:

—No trates de convencerte de que existe. Más bien, trata de convencerte de que no existe.

Me miró como si acabara de decirle la locura más grande que hubiese oído jamás. ¿Probar que no existe el Espíritu Santo? Así que fue a su casa y empezó a leer todas las Escrituras que pudo encontrar, tratando de probar que el Espíritu Santo no era real. Mientras intentaba probar que el Espíritu Santo no existe, encontró gran cantidad de evidencia de que, en verdad, el Espíritu Santo es real. Y buscando durante horas, días y hasta semanas, no solo se convenció de que el Espíritu Santo era real ¡sino que ya no podía vivir sin Él! Escritura tras Escritura sobre la naturaleza, la divinidad y el poder del Espíritu Santo encendieron el fuego de Dios en su corazón. Así que fue a verme semanas después y me dijo:

—¡Me doy por vencido! Existe. Es real. Y más que eso: encontré un Amigo a quien jamás creí que necesitaría.

Te desafío a que le pidas a Dios que te revele quién es el Espíritu Santo en tu vida. Sé que si aumenta tu fe para conocer al Espíritu Santo, como este hombre, tú también descubrirás a un amigo a quien jamás creíste necesitar. Oro porque tomes y uses ese poder que vive dentro de ti. Toma el poder del Espíritu Santo, ¡que tiene la capacidad de llevar a tu vida a una nueva dimensión!

¡Vamos! ¡Es hora de avanzar!

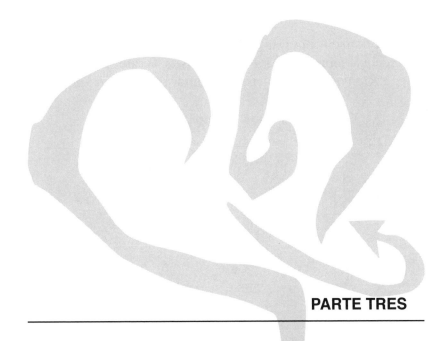

RIESGOS Y RECOMPENSAS DE UNIRSE A LA REVOLUCIÓN

Complementa esta lectura viendo la tercera parte
del videomensaje especial del pastor Sergio titulado:
Riesgos y recompensas de unirse a la revolución

Visita www.sergiodelamora.com/heartrev

9

No hay victoria sin riesgo

Amar es arriesgarse a no ser amado. Esperanzarse es arriesgarse a sufrir. Hacer el intento es arriesgarse a fracasar. Pero hay que hacerlo porque el mayor peligro que hay en la vida es no arriesgarse a nada.

—Anónimo

Una cosa es cuando una familia se muda a una ciudad desconocida con la seguridad de un empleo y una casa. Y es otra completamente diferente cuando se va a una ciudad desconocida sin seguridad alguna. Eso es exactamente lo que hice con mi familia. Junto con mi esposa, Georgina, que tenía siete meses de embarazo, empacamos, y con nuestras hijas dejamos todas las comodidades que teníamos; nuestra familia, nuestro negocio, nuestra iglesia y nuestros amigos. No había garantías y, a veces, los riesgos de iniciar una iglesia en una ciudad donde la gente no tenía idea de quiénes éramos, nos parecían abrumadores. Pero seguimos adelante porque sabíamos que Dios nos llamaba a hacerlo. Recuerdo haber estado sentado con el directorio telefónico abierto, diciendo: "Dios, ¿por qué tenemos que ir a San Diego? Mira todas estas iglesias, Señor. ¡Hay muchísimas! ¿Para qué tenemos que ir allá?". En ese momento, no tenía idea de que nuestra misión: "Transformar los corazones de jóvenes y familias hacia Dios, y el uno hacia el otro", daría comienzo a una revolución. Lo único que sabíamos era que Dios nos había comisionado. Mientras hojeaba las Páginas Amarillas, Él me dijo: "Sergio, si ellos estuvieran haciendo lo que necesito que hagas, no te enviaría a ti". Sus palabras bastaron para que lo dejáramos todo y corriéramos el riesgo de iniciar la Iglesia Cornerstone de San Diego.

Tal vez fue porque desde muy pequeño empecé a aprender el lenguaje del riesgo, que el miedo no paralizó mis pasos en mi vida de adulto. Mis padres me habían enseñado en muchísimas ocasiones los riesgos necesarios para alcanzar el éxito en la vida. Aunque papá hablaba muy poco inglés, se negó a permitir que hubiera impedimentos en su camino para ser un exitoso hombre de negocios. Me dijo una vez: "Nada puede impedirte ser el mejor, excepto tú mismo". Siempre intentaba ir tras los mejores clientes, aceptar los proyectos más grandes, a pesar de la vergüenza que pasaría al no hablar bien el idioma.

Jamás olvidaré el día que mi padre me enseñó una gran lección acerca de los riesgos. Yo tenía quince años y estaba en un trabajo con él, cuando me mandó a podar un árbol muy alto, el más alto que había visto en mi vida. Recuerdo haber estado debajo de ese pino de doce metros, mirando las ramas que casi parecían rozar las nubes. Pensé: "Papá quiere matarme. Tiene otros hijos. No le importa si me pasa algo".

Papá buscó la escalera más alta que teníamos y la puso contra el árbol. La sostuvo mientras yo subía. Mientras ascendía más y más, miraba hacia abajo para ver si él cambiaba de idea y me hacía bajar. Pero no lo hizo. Se quedó allí abajo, sin soltar nunca la escalera, hasta que terminé con mi tarea y bajé, sano y salvo. Cuando toqué el suelo, papá me miró y me dijo:

"Siempre tendrás que arriesgarte para llegar más lejos de lo que esperas, y lograr lo que pensabas que sería imposible". Hoy, Dios te está diciendo lo mismo. Está sosteniendo tu escalera para que puedas alcanzar lo que estuvo siempre fuera de tu alcance y para que vayas tras lo inaccesible. Él nos presenta un desafío:

Clama a mí, y yo te responderé, y te enseñaré cosas grandes
y ocultas que tú no conoces. Jeremías 33:3 (RVR)

El riesgo es importante para Dios, porque le muestra nuestro compromiso para ir tras lo que realmente deseamos. Incluso hace más de dos mil años, los hombres y las mujeres que andaban con Jesús no se hacían ilusiones en cuanto a los riesgos y las recompensas de seguirle. Habían visto las cosas más asombrosas y dramáticas: los paralíticos caminaban, los ciegos podían ver, los enfermos sanaban, los muertos resucitaban y hasta el mar se calmaba con una palabra de Cristo. En la cima del ministerio de Jesús, las recompensas eran inimaginables. Pero los riesgos también eran igual de grandes. Una y otra vez, los líderes religiosos discutieron con Él, le rechazaron y al fin lo entregaron a los romanos para que lo mataran. Al final de Su vida, los riesgos probaron ser mucho mayores de lo que los discípulos podían soportar. La noche antes de Su arresto, huyeron porque tenían terror de que también a ellos los arrestaran, azotaran y asesinaran. Pero el libro de Hechos nos dice que decidieron seguir a Jesús después de Su muerte, reuniéndose para esperar esa promesa que les había dejado a pesar de la amenaza y el peligro de caer en prisión o algo peor. Los riesgos y las recompensas no eran conceptos vagos para ellos. Aun así, estaban convencidos de que seguir a Jesús era la más grande aventura que podía haber en la vida.

Tal vez, hasta hoy, nunca habías tenido nada en tu vida tan valioso como para arriesgarte. O quizá tienes miedo de volver a arriesgarte después de haber pasado por tantas desilusiones. Quizá te hayas encontrado en ese lugar en el que lo arriesgaste todo y ya no te quedó nada más.

Conocí a una mujer que sentía eso mismo, hace varios años. La primera vez que oí el nombre de Lisa, fue cuando uno de sus familiares me pidió que orara por ella. Lisa había intentado suicidarse y la familia no sabía si sobreviviría. Había crecido viendo a sus padres luchar con el alcohol, el adulterio y la violencia, hasta que la situación para ella y sus hermanos llegó al punto de ser demasiado peligrosa como para quedarse en casa. Para huir del dolor que tanto le pesaba, Lisa hizo lo que hacen muchas mujeres en familias como esas: repitió el ciclo y entró en relaciones destructivas que siempre la dejaban sola, rechazada, una y otra vez. Todas las noches, hundía la cara en la almohada y gritaba llorando: "¿Por qué nadie me quiere? ¿Qué es lo que hay en mí tan horrendo, como para que nadie pueda amarme?". Habría aceptado el amor de cualquiera, con tal de no sentir el dolor de la soledad que cargaba en su corazón, día tras día. Eso fue exactamente lo que hizo.

Se casó con un hombre que abusó de ella, mental, física, emocional y sexualmente. Por mal que anduvieran las cosas, Lisa había decidido que ya no volvería a estar sola; así que durante dos largos y brutales años soportó sus abusos hasta que un día el hombre amenazó con dejarla. Tendría que haber sentido una sensación de libertad pero, como tantas otras víctimas de abusos, Lisa se sintió tan dolida, tan desesperada por sentirse aceptada y amada, que le rogó que no se fuera. Lo amenazó: "Si te vas, me mato". Sus amenazas no conmovieron al hombre. Mientras él salía por la puerta, ella fue a la cocina, tomó un cuchillo filoso y empezó a cortarse sus brazos y muñecas. El hombre la miró por última vez antes de salir. Cuando llegó su compañera de cuarto, encontró a Lisa desangrándose, tirada en el piso. Para cuando llegó la ambulancia, había caído en coma. Ya no tenía ganas de vivir.

A casi cinco mil kilómetros de allí, sonó el teléfono en mi oficina. Me pedían que orara e intercediera por Lisa. Su familia acudió para estar con ella y días después, salió del coma y comenzó a recuperarse lentamente. Llenaron su habitación en el hospital con adoración, orando y pidiendo un milagro. Cuando empezó a sanar físicamente, Lisa buscó a Dios y le rogó que la amara y le diera una segunda oportunidad. En unos días, salió del hospital y el domingo siguiente, entro por las puertas de la Iglesia Cornerstone. Se sentó muy callada en su asiento y escuchó con atención las palabras de esperanza que yo pronunciaba. Después del mensaje, la miré y le dije: "He estado orando por ti, Lisa".

Mientras las lágrimas rodaban por sus mejillas, continué: "No importa qué hayas hecho o qué cosas te hayan pasado. Tu nueva vida acaba de comenzar".

La joven, quebrantada por el dolor y el rechazo, encontró el amor, la aceptación y la paz de Cristo. Han pasado años y, desde entonces, Lisa ha sido un faro de esperanza para todos los que la conocen. Cada vez que necesito recordar de qué se trata la "Revolución del corazón", pienso en su historia. Dios revolucionó a Lisa con Su amor inmovible, y ella hoy ha decidido ser una revolucionaria, por el bien de miles de personas.

Si Lisa hubiera sido demasiado cautelosa, demasiado miedosa o si hubiera usado cualquier otra excusa para rechazar la mano que Dios le ofrecía en medio de su necesidad, se lo habría perdido todo. Hoy dice: "Todos los rastros de mi vida pasada no son más que lejanos recuerdos". Tiene un esposo que la ama, unos niños maravillosos y una mirada que dice: "Bien valió la pena arriesgarse a conocer a Cristo. La recompensa de transformar mi corazón hacia Él y unirme a la 'Revolución del corazón', sobrepasan cualquier riesgo".

Al igual que Lisa, todos llegan a un momento en la vida en que enfrentan el riesgo de hacer lo que jamás han hecho, para llegar a ser lo que jamás han sido antes.

Este es ese momento para ti.

Alguien dijo: "No temas al riesgo. Porque allí es donde está el fruto".

Hoy, cuando des un paso adelante y decidas tomar riesgos por Dios, creo que ese fruto vendrá a tu vida como nunca has visto antes. Ese fruto te permitirá volver a amar, volver a creer y volver a perdonar.

10

Las recompensas
de abrir tu corazón

El propósito de la vida es que la vivas saboreando la
experiencia al máximo; que te extiendas con ansias y
sin miedo, probando experiencias nuevas y más ricas.

—Eleanor Roosevelt

Uno de los momentos ministeriales que jamás olvidaré
se dio en la primavera del 2010, cuando tuve la increíble oportunidad de visitar varios orfanatos en Haití
con Ed Young Jr. y C3 Global, después del terremoto de 7.0
que devastó casi toda la nación. Antes de partir, me advirtieron
los riesgos de viajar a un país tan subdesarrollado, riesgos que
ponían en peligro mi salud y mi seguridad. Si hubiera sentido
demasiado temor ante el peligro, jamás habría vivido el gozo de
abrir mi corazón a una nación que necesita esperanza y sanidad

con tal desesperación. Si me hubiera conformado con verlo por televisión o leerlo en los periódicos, jamás habría jugado, reído y orado con niños tan parecidos a los míos. Si hubiera dejado que el riesgo lo corriera alguien más, me habría perdido la recompensa de las oleadas de compasión que invadieron mi corazón, por un pueblo que ha soportado la tragedia pero no ha perdido las esperanzas.

Vi los peligros. Vi las hileras de tiendas de campaña, una junto a otra, puestas sobre las tumbas de miles de personas. Vi los riesgos. Pero también vi la esperanza de renovación, de restauración, de vida una vez más. Oro porque tus ojos y tu corazón puedan ver eso mismo en este día. Tal vez veas los peligros y riesgos de avanzar y creer en cosas más grandes. Oro porque puedas enfocarte en las recompensas. ¿Hasta dónde podrías arriesgarte para ver la recompensa de la restauración de tu matrimonio? ¿O de que vuelvan a casa tus hijos? ¿O de que sane tu familia? ¿O de la recuperación de tu negocio? Estas son recompensas que hacen que una persona vea los riesgos, pero al mismo tiempo, vaya tras la recompensa.

La recompensa hace que veas el riesgo, pero quieras ir tras ella de todos modos.

Ahora quiero hablarte de tres recompensas en las que podemos confiar, tú y yo, al abrirle nuestros corazones a Dios.

La recompensa de la restauración

Nuestro Dios es el Dios de la restauración. No hubo nada que le hiciera bajar del cielo, dejar Su trono y hacerse carne, más que la terrible situación de la humanidad.

> Y miró Dios la tierra, y he aquí que estaba corrompida; porque toda carne había corrompido su camino sobre la tierra.
> Génesis 6:12 (RVR)

Cuando la humanidad lo había perdido todo, incluyendo su relación con Él, Dios intervino, no para juzgar o condenar, sino pensando en la restauración. Dios no se aparta de nosotros en los momentos en que lo perdemos todo. Más bien, se acerca. En Su amor sin límites, anhela que recuperemos aquello que hemos perdido. Tal vez oigamos esa voz que nos condena diciendo que estamos demasiado perdidos o que nuestra situación es irreparable, pero tienes que saber, sin duda, que no hay nada que esté fuera del alcance de Dios y Su restauración. No hay lugar que esté demasiado alejado de Su alcance. Es esta verdad, que confirman las Escrituras, la que te da el valor para exponer ante Dios las partes más profundas de tu pérdida.

Entonces el SEÑOR tu Dios te devolverá tu bienestar. Tendrá misericordia de ti y te volverá a reunir de entre todas las naciones por donde te dispersó. Aunque estés desterrado en los extremos de la tierra, el SEÑOR tu Dios te traerá de allí y te reunirá nuevamente. Deuteronomio 30:3-5 (NTV)

Piensa en ese hombre con la mano seca, que estuvo ante Jesús y corrió el mayor riesgo de su vida al sacar a la luz lo que había guardado en secreto durante años. Medita en el riesgo que corrió al mostrarle al mundo su deformidad, su discapacidad y su debilidad, cuando Jesús le dijo: "Extiende la mano" (Lucas 6:8-11). Imagino que el hombre oía en su mente una voz que le decía: *¿Y si Jesús no me sana? ¿Y si saco a la luz esta parte de mi vida y no cambia nada?* Todos hemos oído esa voz. El hombre se mantuvo firme y lo arriesgó todo: la humillación, las burlas, la vulnerabilidad, con tal de recibir restauración. Al arriesgar su reputación, recibió su recompensa. Fue restaurado, completamente restaurado.

¿Qué es lo que se ha secado o roto en tu vida? ¿Cómo te sentirías si le mostraras eso a Jesús? Si te arriesgas a mostrarle tu quebranto, experimentarás una de las mayores recompensas que puedas imaginar: la restauración completa. Él quiere que enfrentes cada día con la libertad que da la restauración total. Debes confiar que la recompensa de la restauración siempre pesará más, y durará más, que el aguijón del dolor de arriesgarlo todo.

La recompensa de recibir lo mejor de Dios

Dios define lo mejor que tiene para tu vida como un estado continuo de bienestar y éxito, que fluye en todas las áreas de tu vida. Reflexiona en las palabras del profeta Jeremías, tan conocidas para muchos:

> Porque yo sé muy bien los planes que tengo para ustedes —afirma el SEÑOR—, planes de bienestar y no de calamidad, a fin de darles un futuro y una esperanza. Jeremías 29:11 (NVI)

En hebreo, la palabra "prosperar" es *shalom*, que significa paz. Pero *El manual teológico del Antiguo Testamento* también la define como: "integridad, plenitud, armonía . . . relaciones sin impedimentos, con los demás y con Dios". ¡Esta es la riqueza de la vida por la que Jesús arriesgó la Suya! Es la plenitud por la que ora el autor de la Tercera Epístola de Juan:

> Amado, yo deseo que tú seas prosperado en todas las cosas, y que tengas salud, así como prospera tu alma. 3 Juan 2 (RVR)

Este texto nos enseña con claridad que su oración era que lo mejor de Dios sobreabundara en todos los aspectos. ¿Cuáles son esos aspectos? Todo. Jesús dejó en claro que parte de Su propósito era no solo restaurar aquello que nos habían robado, sino darnos una vida sobreabundante, de cosas buenas para nosotros. Medita en Sus palabras:

> El ladrón no viene sino para hurtar y matar y destruir; yo he venido para que tengan vida, y para que la tengan en abundancia. Juan 10:10 (RVR)

Dios, en Su corazón, siempre ha querido vernos bendecidos. Así como los padres queremos que nuestros hijos alcancen el éxito, de igual modo nuestro Padre quiere que vivamos una vida rica y fructífera. ¡Tu éxito alegra al Padre! Él arriesgó Su vida por nosotros, para que pudiéramos ser prósperos en todas las áreas de la vida. Hoy, cree conmigo en el éxito que hay en tu futuro, porque nuestro Dios derrama abundantes cosas buenas que desea darles a Sus hijos. Te ha llamado a prosperar, ¡no solo a sobrevivir!

La recompensa de ver lo milagroso

Atrévete a arriesgarte y entra en el ámbito de lo milagroso. Un día, como iglesia, tuvimos que atrevernos y dar un paso adelante: había que comprar un edificio. Un agente inmobiliario sugirió que compráramos una sala de cine como una posibilidad. Pero ni siquiera estaba a la venta, pero mi esposa y yo sentimos que Dios nos animaba a correr el riesgo. La sala estaba ubicada en

Dios te ha llamado a prosperar, ¡no solo a sobrevivir!

medio de un centro comercial, y la idea de que hubiera allí una organización no lucrativa, no fue bien recibida. Hubo dudas e incluso, hostilidad. Jamás había soñado que nuestro riesgo atraería a tanta gente a nuestra iglesia. Pero así fue. Los que tenían intereses económicos se acercaron. Y también los que tenían intereses en los medios de comunicación. E intereses políticos. Vinieron del norte, del sur, del este y del oeste a ver qué pasaba en la ciudad, que era catalogada como una ciudad olvidada y perdida.

La promesa de Dios, de darnos un hogar permanente, nos dio valor para seguir avanzando durante nueve meses dentro de la ciudad, buscando comprar las salas de cine para nuestra iglesia. Recuerdo cuando estacioné mi auto en las oficinas del ayuntamiento, con Georgina y mis hijas, sabiendo que esa sería la reunión que definiría el futuro de nuestra congregación. Al ver que el estacionamiento estaba lleno de autos con calcomanías de la Iglesia Cornerstone, ¡sentí que mi fe aumentaba con respecto a nuestro futuro como nada más lo podía hacer! Esa noche necesitábamos el favor de Dios. El voto del Consejo decidiría si nuestra iglesia tendría por fin un lugar que pudiéramos llamar "hogar". Nuestras familias necesitaban un "Sí". Esas dos letras nunca habían significado tanto para nosotros. Esa noche, estuve ante los miembros del Consejo de la ciudad, y les hablé con el corazón, en representación de todas las familias de la Iglesia Cornerstone, incluyendo la mía. Les di todas las razones posibles por las cuales el voto afirmativo de la ciudad sería la mejor decisión. Y cuando llegó el momento de votar, fue un "Sí" unánime. Todos votaron a favor nuestro. Sentía que Dios había detenido los cielos para declarar Su "Sí" a favor de nuestro futuro. Nunca antes en la historia de nuestra congregación habíamos recibido una recompensa que superara de tal manera al riesgo. Ese sí les abrió las puertas a más de cinco mil personas ¡que hoy adoran a Dios en ese lugar!

Seguir a Cristo siempre tendrá sus riesgos, pero si empiezas a vivir con la expectativa de las recompensas que Él prometió —ante todo, la rica y plena relación con Él—, podrás superar todo riesgo potencial, enfrentándolo con la confianza de saber que tu recompensa te espera. La gloria del evangelio es que Dios jamás nos abandona ni nos deja solos ante los riesgos. Nunca se da por vencido. He conocido a miles de personas que le han dicho que sí a Cristo, que luego cayeron pero, volvieron a correr el riesgo de levantarse y volver a intentarlo, porque las recompensas superaban en gran manera a los riesgos.

No permitas que los riesgos te impidan seguir a Cristo. Abre hoy tu corazón y deja que Dios te hable de manera poderosa. ¡Las recompensas de la restauración, la prosperidad y lo milagroso te están esperando!

11

Encuentra esperanza y sanidad

No podremos conocer a Dios si no es a través de Jesucristo. Tampoco podremos conocernos a nosotros mismos, si no es por Jesucristo.

—Blaise Pascal

Durante la Segunda Guerra Mundial las bombas alemanas destruyeron los bellos y antiguos vitrales de una catedral inglesa. Mientras barrían los vidrios hechos añicos y veían el agujero que quedó en la pared, la gente de la iglesia sentía gran dolor y pena. Hasta que a alguien se le ocurrió una idea. Les pidieron a unos expertos artesanos que usaran el montón de trocitos de vidrio como material para un nuevo vitral. Hoy, esa ventana es una espectacular representación de lo que sucede cuando decidimos usar las sobras de una devastadora pérdida para crear algo nuevo y bello.

Dios hace exactamente lo mismo en nuestras vidas. Toma los pedazos y añicos, y crea algo nuevo, algo bello, algo que causa asombro y maravilla en los demás cuando lo ven. Nadie está más allá de los creativos poderes restauradores de Dios. La Biblia dice que cuando Dios hizo el universo, creó todo lo que existe de la nada. Si Él puede hacer eso, claro que podrá usar los pedazos rotos y descartados de nuestras vidas para hacer algo fantásticamente hermoso.

En la historia de Nehemías, la muralla de Jerusalén había sido derribada e incendiada. Esa muralla representaba la protección de la ciudad y sin ella, el pueblo de Jerusalén era vulnerable a los ataques de los enemigos. Nehemías dirigió al pueblo para iniciar la reconstrucción de la muralla, pero cuando empezaron, sus enemigos se burlaban:

Nadie está más allá de los creativos poderes restauradores de Dios.

Y sucedió que cuando Sanbalat se enteró de que estábamos reedificando la muralla, se enfureció y se enojó mucho. Y burlándose de los judíos, habló en presencia de sus hermanos y de los ricos de Samaria, y dijo: ¿Qué hacen estos débiles judíos? ¿La restaurarán para sí mismos? ¿Podrán ofrecer sacrificios? ¿Terminarán en un día? ¿Harán revivir las piedras de los escombros polvorientos, aun las quemadas? Nehemías 4:1-2 (LBLA)

Nehemías siguió guiando al pueblo de Jerusalén, alentándolos a avanzar. Reconstruyó la muralla y derrotó así la obra de sus enemigos.

Hoy podemos ver la muralla de Nehemías como una alegoría de nuestros corazones. Tal vez sientas que el tuyo ha quedado destruido, quemado, por situaciones en tu vida. Tal vez sientas que lo único que queda son piedras ennegrecidas por el fuego y te preguntes si podrás reconstruir tu vida alguna vez. Pero así como Nehemías tomó las piedras quemadas y reconstruyó la muralla, Dios quiere que sepas que Él puede y quiere tomar las áreas destruidas de tu corazón ¡para reconstruir tu vida!

¿Cómo puede ser eso? ¿Cómo hace Dios para reconstruir piezas rotas y quemadas? A continuación tienes algunas maneras en que Él crea una nueva vida para nosotros.

Una mente renovada

Nuestras vidas son producto de nuestras creencias y conductas. La transformación legítima del corazón siempre requiere una transformación mental. Pablo explicó cómo empezamos a ver la transformación que se da desde el interior hacia afuera:

> No imiten las conductas ni las costumbres de este mundo, más bien dejen que Dios los transforme en personas nuevas al cambiarles la manera de pensar. Romanos 12:2 (NTV)

Dios cambiará la forma en que vemos y procesamos el mundo que nos rodea, si se lo permitimos. Al pasar tiempo con Él y Su Palabra, empezamos a pensar de manera totalmente diferente. Cuando descubrimos las cosas maravillosas que Él piensa acerca de nosotros en Su Palabra, empezamos a ver nuestra vida a través de Su filtro de esperanza, fe y expectativa. Por eso, animo a nuestra iglesia a leer *La Biblia en un año*. Porque invertir tiempo en la Palabra de Dios nos da las herramientas que necesitamos para que ya no nos enfoquemos en los pensamientos negativos. Las promesas de Dios nos capacitan para pensar positivamente sobre cualquier situación en que nos encontremos. Es vital renovar nuestras mentes para poder vivir de manera revolucionaria. Cuando te enfrentas a una situación difícil, en vez de considerarla como la habrías visto en el pasado, empiezas a ver las cosas desde la perspectiva de Dios. Él te dirá cosas asombrosas y maravillosas, que tal vez jamás hayas oído antes, como que eres más que vencedor (Romanos 8:37) o que eres una nueva creación (2 Corintios 5:17). Al conocer la perspectiva de Dios y Su carácter, recibimos de Él un poder asombroso para cambiar nuestra perspectiva y nuestro carácter.

Este hermoso proceso de renovar nuestras mentes y parecernos cada vez más a Cristo, se da en numerosas decisiones de reconocer viejos patrones y escoger los nuevos.

Una nueva identidad

Antes de conocer a Cristo, nuestra identidad se fue moldeando por las experiencias de la vida o por la gente que nos rodeaba. Pero ahora que estamos en Cristo, podemos ver las cosas de manera más clara, incluyendo a la persona que Dios quiso que fuéramos al crearnos. Como creyente, tienes una nueva identidad que trasciende todo lo que hayas sido antes. Pablo describe esta revelación tan maravillosa que nosotros experimentamos cuando entendemos quiénes somos en realidad:

> Su Espíritu se une a nuestro espíritu para confirmar que somos hijos de Dios. Así que como somos sus hijos, también somos sus herederos. Romanos 8:16-17 (NTV)

Por adopción, ahora formas parte de la familia de Dios, que te ha aceptado y perdonado por completo. No porque te lo hayas ganado, sino porque recibiste con gozo ese don que Dios te da gratis. No eres lo que hiciste. No eres lo que la gente dice que debes ser. No eres lo que tu pasado dice que eres. ¡Eres lo que Dios dice que eres! Él lo sabe todo de ti, porque es quien te formó:

¡Eres lo que Dios dice que eres!

> Tú fuiste quien formó todo mi cuerpo; tú me formaste en el vientre de mi madre. No te fue oculto el desarrollo de mi cuerpo mientras yo era formado en lo secreto. . . Salmos 139:13, 15-16 (NTV)

Entonces, ¿quién dice Dios que eres? Para comenzar, dice que eres la justicia de Dios, por medio de Cristo. En tu vieja identidad, cuando fracasabas tal vez sentías que te acosaba la culpa y la vergüenza de tu error. Pero esa vieja identidad se basaba en tu propia justicia, no en la de Dios. En tu nueva identidad en Cristo, puedes fracasar un millón de veces, que Dios seguirá amándote y llamándote Su hijo o hija porque te ve únicamente a través de la justicia de Su propio Hijo. Pablo escribió sobre este cambio tan asombroso:

> Al que no conoció pecado, le hizo pecado por nosotros, para que fuéramos hechos justicia de Dios en él. 2 Corintios 5:21 (LBLA)

Hemos sido completamente perdonados y aceptados por Dios, porque Cristo nos atribuye Su justicia y declara que somos justos ante Sus ojos.

Aun así, tu nueva identidad no solo tiene que ver con que ahora Dios te llame justo. Ezequiel dice que Dios nos da un nuevo corazón y Jeremías nos informa que le pertenecemos a Dios. Pedro afirma que ahora formamos parte de un sacerdocio real y Pablo proclama que tenemos el privilegio de ser embajadores de Cristo. Al vernos en el espejo, tal vez no notemos cambio alguno. Pero nuestro pasaporte ha cambiado, y nuestra tarjeta de presentación lleva impreso un nuevo título.

¡Decide hoy caminar en tu nueva identidad en Cristo!

Un nuevo sentido de confianza

Con el convencimiento de que el amor y la gracia de Dios llenan nuestros corazones, desarrollamos una nueva y plena sensación de confianza. Mi esposa siempre me ha asombrado por su confianza en Dios y en sí misma. Pocos meses después de haber iniciado la Iglesia Cornerstone, perdimos a nuestro líder de alabanza. Mientras hablábamos sobre qué íbamos a hacer, me miró con ojos llenos de confianza y dijo, sin titubear: "Yo lo haré. Puedo hacerlo". Su confianza en lo que Dios tenía planeado con ella me inspiró y asombró al mismo tiempo. Ese domingo, estuvo al frente de la iglesia y dirigió la alabanza por primera vez. Yo estaba fascinado, casi hipnotizado al verla, y pensando: "¡Mi esposa es verdaderamente poderosa! Puedo predicar con todo el corazón después de una alabanza como esta". Y eso es exactamente lo que hemos estado haciendo durante más de una década, después de ese primer domingo. Georgina es quien dirige a nuestro equipo de alabanza cada semana, y quien supervisa a los cuatro grupos de músicos y a los equipos de alabanza, además de ocuparse del departamento de dramas, y predicar. Ella, avanza el reino de Dios de manera poderosa, porque cree totalmente que si Dios dice que ella puede hacerlo, ¡entonces ella podrá!

Si vamos a ser revolucionarios y cambiar el mundo para Dios, no podemos ser leones cobardes. ¡Tenemos que ser cristianos confiados! Cuando una persona habla confiadamente de las cosas de Dios, es una señal de que Dios le ha dado plenitud. Ya no se ve como alguien herido, fracturado o dañado. Puedes confiarle a Dios las piezas de tu corazón, estén rotas o intactas, porque Su Palabra te promete que Él unirá las piezas de nuevo y reescribirá la historia de tu vida.

Hoy necesitas saber que la historia de tu vida no ha llegado a su fin. Dale la pluma de tu corazón a Dios y verás cómo empieza a reescribir la historia de tu vida. ¡Hoy es el día de tu nuevo comienzo!

12

Sé sensible a cosas más grandes

El mundo de cada uno es tan grande como su corazón.

—Tanya A. Moore, escritora

Algunas lecciones de la vida se aprenden leyendo. Otras se aprenden viviéndolas. A lo largo de los años, me he convencido de que siempre tengo que ser sensible a las cosas más grandes. Antes que nuestra iglesia comprara un cine de nueve salas, había otros dos locales que, para mí, seguramente iban a ser el hogar de nuestra congregación creciente. Los dos eran lugares adecuados, pero observé que las puertas se cerraban y que Dios me decía: "Sergio, mantente receptivo a cosas más grandes". Me sentía desanimado porque pensaba que Dios se había olvidado de mí. Pero, en realidad, me estaba enseñando a mantenerme sensible a cosas más grandes. Si nos arriesgamos a seguir a Cristo, Dios abre todo un mundo de posibilidades ante nosotros, y nos hacemos sensibles a cosas mucho más grandes, mucho mejores de lo que podríamos haber imaginado. Si Dios me hubiese dado lo que yo quería entonces, jamás se podría haber dado el crecimiento que tuvimos desde ese momento. Aunque Dios sabe lo que quieres, ¡solo Él conoce lo que necesitas! Ahora disfrutamos de unas instalaciones que han ganado el primer lugar en diseño interior de la Sociedad Estadounidense de Diseño Interior del Condado de San Diego. Fue la primera vez que una iglesia en la ciudad de National City haya ganado este prestigioso galardón. Cuando yo no podía ver lo que Dios estaba haciendo, casi cedo a la tentación de conformarme con menos. Sin embargo, Él necesitaba que me mantuviera sensible, ¡porque había cosas mucho más grandes de lo que yo podía imaginar!

Puede ser que no estés edificando una iglesia. Pero estás forjando una familia, un negocio, una carrera o un ministerio. Estás edificando una vida que glorifique a Dios. Es hora de que seas sensible a cosas más grandes. Piensa en la oportunidad de restaurar una relación que hasta ahora no ha estado a tu alcance, o en la posibilidad de que tus amigos y seres queridos le entreguen sus corazones a Jesucristo, de modo que experimenten esta misma revolución del corazón. Piensa en las puertas de la oportunidad económica que se te abren y que hasta ahora estuvieron cerradas en términos de empleo. Cuando te mantienes sensible a todas esas cosas, que pueden dar fruto, ¡empiezas a creer que todo es posible!

Sé sensible a las nuevas relaciones. Sé sensible a la sanidad. Sé sensible a la reconciliación. Sé sensible a lo milagroso. Disponte a mantener todo dentro de lo posible. Como padre amoroso, Dios desea que Sus hijos acudan a Él y le pidan lo que sea:

> Sigue pidiendo y recibirás lo que pides; sigue buscando y encontrarás; sigue llamando, y la puerta se te abrirá. Pues todo el que pide, recibe; todo el que busca, encuentra; y a todo el que llama, se le abrirá la puerta. Mateo 7:7-8 (NTV)

En sentido práctico, mantenerse receptivo o ser sensible a cosas más grandes es simplemente creer que todo es posible. Tu pasado tal vez te hable de lo negativo, de las desilusiones que te esperan, pero al ser sensible a cosas mayores, no hay límite a lo que Dios puede traer a tu vida. He visto cantidad de hombres y mujeres que durante años no se han casado pero, se han mantenido receptivos al matrimonio. Entonces, conocen a la persona de sus sueños, cuando menos lo esperaban. He visto gente que perdió su casa o su negocio ¡y como se mantienen sensibles a una segunda oportunidad, reciben eso y mucho más! He visto a tan gran cantidad de personas creer en Dios por lo inimaginable y recibirlo; por eso, no dudo que tiene cosas mucho más grandes reservadas para quienes confían en Él.

Kevin se casó con Laura, su novia de la preparatoria. Pero con el paso de los años, se apartaron al punto que parecían desconocidos. La vida no fue fácil para ellos, conforme experimentaron pérdida tras pérdida. Ya no tenían esperanzas de poseer una casa a causa del dolor de un embargo. Ya no aspiraban a tener una familia numerosa porque habían pasado por dos abortos involuntarios. Ya no soñaban con un matrimonio feliz porque varias veces habían pensado en divorciarse. En casa, evitaban conversar porque cada vez que hablaban terminaban peleando, llenos de ira y sarcasmo. En un esfuerzo por mantener la paz frente a su hija, decidieron mantener distancia entre ambos cumpliendo con sus obligaciones de padre y madre, como si fueran compañeros de cuarto y no familia. Una y otra vez, Kevin se preguntaba: *¿Qué nos pasó? ¿Cómo es que terminamos en esto? ¿Habrá posibilidad de mejorar las cosas?*

Kevin estaba avergonzado por la situación de su matrimonio, pero sentía que nada podía hacer para mejorar. Recuerdo que un domingo prediqué en cuanto a mantenerse sensible a la posibilidad de que Dios haga lo inimaginable, cuando Kevin se me acercó después del servicio. Con una mirada adolorida, me pidió que le diera respuestas: "Pastor, ¿cómo puedo arreglar mi vida?". Puse mi brazo sobre su hombro y le dije: "Solo mantén tu corazón sensible. Sigue viniendo con un corazón sensible y verás que Dios cambiará las cosas. Da un paso y luego otro, pero siempre con el corazón sensible".

Los siguientes tres meses Kevin continuó asistiendo a todos los servicios. Y se sentaba en el mismo lugar, semana tras semana. Entonces Dios empezó a hablarle para que mantuviera el corazón sensible a la posibilidad de restaurar su matrimonio. Empezó a confiar en que Dios quería que él y su esposa abrieran sus vidas y creyeran en algo más que en un matrimonio común y corriente. Después de cada servicio, regresaba a casa y se arriesgaba a abrir una vez más la línea de comunicación con Laura. Empezó a responderle a su esposa con sinceridad, expresando palabras de amor y aprecio, buscando la reconciliación en cada oportunidad. Laura empezó a ver la sinceridad de su esposo y, entonces, la muralla que había levantado durante años en su corazón, empezó a derrumbarse. Ella también empezó a abrir su corazón.

Dios quería que ellos creyeran en algo más que en un matrimonio común y corriente.

Con el tiempo, restablecieron el pacto que hicieron como marido y mujer. Descubrieron un amor más grande entre ellos y una pasión mayor por la relación con su hija. El cambio no se dio de la noche a la mañana, pero ocurrió, puesto que Kevin y Laura decidieron ser sensibles en sus corazones a cosas más grandes.

Hay muchas familias quebrantadas como esta que han perdido la esperanza de que algo cambie. Sin embargo, la buena noticia es que Dios puede redimir cualquier relación que se haya roto. Cuando estamos dispuestos a confiar en Él, para cosas mejores en nuestras relaciones, pueden suceder cosas maravillosas. Dios es un Dios grande y quiere que vivamos a lo grande. Quiere que sepamos que puede hacer todo. Si acaso somos tentados con la duda, las palabras del profeta Jeremías nos recuerdan el ilimitado poder de Dios:

¡Ah, Señor DIOS! He aquí, tú hiciste los cielos y la tierra con tu gran poder y con tu brazo extendido; nada es imposible para ti. . . Jeremías 32:17 (LBLA)

Muchos de nosotros, antes de abrirle el corazón a Dios, únicamente teníamos una sola mano libre para recibir las cosas buenas de la vida. Porque usábamos la otra para sostener nuestro adolorido y roto corazón. Ahora, sin embargo, tenemos las dos manos libres para aceptar Sus abundantes bendiciones. Conforme Dios actúa por nosotros y en nosotros, los matrimonios se restauran, aprendemos a vivir por encima de las crisis relacionales y confiamos en Dios en cuanto a las cosas más grandes. Empezamos a vivir con una potente mezcla de pasión y paz.

Gran parte de lo que hacemos en nuestra iglesia es el resultado del tiempo que paso con Dios en oración, pidiéndole que mantenga mi corazón sensible a cosas más grandes. La oración forma parte de mi vida cotidiana con Dios. Durante los últimos diez años, todas mis mañanas comienzan en el jardín de mi casa, con mi *Biblia en un año*. Son momentos sagrados porque sensibilizan mi corazón y mi mente, para que pueda recibir la guía y la visión de Dios para mi vida y mi ministerio. Han habido mañanas en las que no he querido orar ni leer, pero jamás ha pasado un día sin que Dios me hablara alentándome a mantenerme sensible a cosas más grandes. Esas mañanas me enseñaron la invalorable lección de que cuanto más crece mi vida pública, más tiene que crecer también mi vida privada. He descubierto que la mucha oración en privado conduce al mucho poder público.

Jesús habló con franqueza acerca de la promesa de Dios; que siempre oirá y responderá nuestras oraciones si acudimos a Él:

Pero tú, cuando te pongas a orar, entra en tu cuarto, cierra la puerta y ora a tu Padre, que está en lo secreto. Así tu Padre, que ve lo que se hace en secreto, te recompensará. Mateo 6:6-7 (NVI)

Si estás dispuesto a orar oraciones grandes, ¡Dios hará cosas grandes! Conforme creces en obediencia personal con Dios a través de esta *revolución del corazón*, te animo a que adoptes el desafío que encontramos en el libro de Malaquías:

"Traigan íntegro el diezmo para los fondos del templo, y así habrá alimento en mi casa. Pruébenme en esto" —dice el Señor Todopoderoso—, "y vean si no abro las compuertas del cielo y derramo sobre ustedes bendición hasta que sobreabunde." Malaquías 3:10 (NVI)

Este es el único lugar en toda la Biblia donde Dios dice: "Pruébenme en esto". Lo ponemos a prueba cuando le damos lo mejor de nosotros, en términos de nuestras finanzas, nuestras relaciones y en todas las áreas de la vida. Al darle lo mejor, podemos caminar en obediencia, disfrutando las bendiciones de las cosas más grandes. Nuestra obediencia atrae el favor y la bendición de Dios, creando en nuestras vidas un ambiente en el que todo es posible.

Mantente sensible a las cosas grandes, ¡porque cosas grandes están en camino!

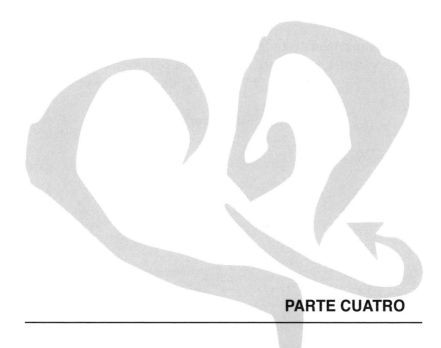

LA BOMBA "P" /
LA "P" DE PERDÓN

Complementa esta lectura viendo la cuarta parte del videomensaje especial del pastor Sergio titulado: *La bomba "P" / La "P" de perdón*

Visita www.sergiodelamora.com/heartrev

13

El factor del perdón

Perdonar es liberar a un prisionero y descubrir que
ese prisionero eras tú.

—Lewis Smedes, profesor de ética y teología

Según el Centro de Control de Enfermedades (CDC, por
sus siglas en inglés), la principal causa de muerte en los
Estados Unidos son las enfermedades del corazón. He
llegado a una conclusión similar en cuanto a la vitalidad de la
vida espiritual de las personas. He visto a muchísimas personas
que sufren enfermedades espirituales del corazón, debido a la
falta del perdón. Sus corazones están obstruidos con coágulos
formados por el residuo de la ofensa y el dolor.

El perdón abre un camino en nuestras vidas que da lugar
a la sanidad, a la paz y al favor de Dios para que entonces
fluyan en y a través de nosotros, sin impedimento. Perdonar a

los demás es como respirar: tienes que dejar salir el aire malo y hacer lugar para el bueno. Si nos aferramos a la falta de perdón corremos el peligro de cortar la línea que nos comunica con la fuente de la vida. Al perdonar, nuestro corazón se despeja permitiendo que Dios deposite la grandeza de Su llamado en nuestros corazones.

Por desgracia, y a pesar de los beneficios que nos ofrece el perdón, hay mucha gente que sigue con dificultades para dejar atrás sus penas, ofensas y rencores. Les cuesta perdonar, a menudo por una de dos razones: les resulta demasiado doloroso, o bien sienten que no tienen poder para hacerlo. Aunque estas emociones, en realidad atraen a Dios hacia nosotros.

> Él da poder a los indefensos y fortaleza a los débiles. Hasta los jóvenes se debilitan y se cansan, y los hombres jóvenes caen exhaustos. En cambio, los que confían en el Señor encontrarán nuevas fuerzas. . . Isaías 40:29-31 (NTV)

Parte de mi trabajo como pastor consiste en ayudar a la gente a triunfar por encima de sus sentimientos de dolor e impotencia. La familia Moreno estaba tan solo a una decisión para obtener su sanidad. Muchas veces, Larry, un amigo de la familia, se quedaba con los Moreno cuando las dos niñas y los dos varones eran pequeños. Sin que los padres, Héctor y Norma, lo supieran, Larry estuvo aprovechándose de las pequeñas, abusando sexualmente de ellas durante años. Lo más devastador fue que sus hermanitos sabían lo que estaba pasando, pero vivían amenazados. Si le contaban a alguien, Larry les dijo que mataría a sus padres. Ese dolor fue algo con lo que los niños lucharon internamente, solos, y durante años. Para ellos era inconcebible la posibilidad del perdón.

La familia estaba tan solo a una decisión para obtener su sanidad.

Cuando llegaron a la adolescencia, las jóvenes empezaron a portarse mal debido al dolor que habían vivido. Una de ellas reaccionaba con ira ante la menor provocación. La otra se volvió promiscua, porque había llegado a la conclusión de que tener sexo equivalía a sentirse amada. Los jóvenes también estaban muy afectados. Uno intentó cubrir el dolor que sentía por no haber protegido a sus hermanas, mientras que el otro ahogaba su ira en el alcohol y las drogas. Todos, de alguna u otra manera, se apartaron de sus padres Héctor y Norma, porque no sabían cómo lidiar con el abuso que habían tenido que soportar.

Después de varios años, salió a la luz la verdad. Los delgados hilos que habían mantenido unida a la familia Moreno, amenazaban con cortarse finalmente, y para siempre. La respuesta inmediata de Héctor fue tomar una pistola para vengar el pecado que se había cometido contra sus hijos. Pero al ver los años de dolor y confusión en los rostros de cada uno de ellos, decidió hacer lo inconcebible. Decidió perdonar.

Le pidió a Larry que fuera a su casa cuando los jóvenes no estuvieran, para poder enfrentarlo con la verdad. Sentados ante la mesa de la cocina, estaban cara a cara. Héctor pidió oír la verdad. Y después de lo que pareció una eternidad de silencio, Larry se quebrantó y lloró, arrepentido. Héctor guardó silencio, luchaba contra su propia oleada de emociones. Finalmente, habló:

—Tienes que pedirle perdón a mis hijos.

Larry miró a Héctor y a Norma, y sollozó mientras les rogaba que lo perdonaran. Con el corazón hecho trizas, Héctor lo miró a los ojos y le dijo:

—Ya te perdoné.

Al reconocer que esos padres buscaban la reconciliación en lugar de la venganza, Larry se sintió más humillado que nunca. Fue ante cada uno de los jóvenes y les pidió perdón por el dolor y el abuso que habían soportado por su culpa.

Cada uno respondió de manera distinta: ira, vergüenza, negación y miedo. Requirió tiempo, pero al fin cada uno de ellos se liberó y liberaron al hombre que había abusado de ellos, ofendiéndoles y lastimándoles por tanto tiempo. En ese proceso, la familia Moreno habló de cosas que evitaron durante años, uniéndose más que nunca. Héctor modeló el perdón, a un punto tan asombroso que la familia entera experimentó ese milagro. El perdón probó ser más potente que el dolor que habían estado soportando.

Hoy, si hay áreas en tu vida en las que falte el perdón, deja que el amor de Dios todopoderoso comience a sanar los años de profundo dolor que has estado cargando. El Salmo 34 nos dice que Dios está allí, cerca de tu corazón quebrantado, listo para darte la sanidad que necesitas. Él es tu Sanador y tu Consuelo. Puedes experimentar el perdón auténtico, ahora mismo. Pon tu mano derecha sobre tu corazón y pronuncia estas poderosas palabras:

Padre, así como Tú me perdonaste y me libertaste de todo lo que hice, dejo esta situación y a esta persona, entregándotelas a Ti. Cancelo la ofensa de este dolor que me han causado o tratado de causar, en el nombre de Jesús. Oro para que traigas cosas buenas a mi vida, desde ahora. Creo y recibo la libertad que me das, hoy mismo.
En el nombre de Jesús, amén, amén, amén y amén.

Dios te ama y te perdona sin límites y sin condiciones. En la medida en que te convenzas cada vez más de Su amor y su perdón, oro que puedas encontrar en las palabras de Pablo la ayuda que te permita tener más fuerza y valor para perdonar a los que te han hecho daño.

Sean comprensivos con las faltas de los demás y perdonen a todo el que los ofenda. Recuerden que el Señor los perdonó a ustedes, así que ustedes deben perdonar a otros. Colosenses 3:13 (NTV)

El perdón es el arma más potente que tenemos los creyentes.

El perdón es el arma más potente que tenemos los creyentes. La *revolución del corazón* nos desafía a desarrollar esa capacidad de dar y recibir el legítimo perdón. Porque esto le declara al mundo que somos auténticos en nuestro andar con Cristo. Nuestras vidas se vuelven testimonios ante el mundo, de que Su mensaje de reconciliación es real.

El perdón es el corazón del evangelio y el fundamento de toda relación importante y sensata. Cuando transformamos nuestro corazón hacia nuestros seres amados, empezamos a ayudarles a que vuelvan el suyo a Dios. Pablo nos habla de este bellísimo mensaje de reconciliación que nos brindó Dios de modo que, a la vez, podamos dárselo al mundo:

> Y Dios nos ha dado la tarea de reconciliar a la gente con él. Pues Dios estaba en Cristo reconciliando al mundo consigo mismo, no tomando más en cuenta el pecado de la gente. Y nos dio a nosotros este maravilloso mensaje de reconciliación. Así que somos embajadores de Cristo; Dios hace su llamado por medio de nosotros. Hablamos en nombre de Cristo cuando les rogamos: ¡Vuelvan a Dios! 2 Corintios 5:18-20 (NTV)

El milagro del perdón trae sanidad no solo a nuestra vida sino también a las de las personas que perdonamos. Cierra las heridas que nos mantuvieron atados y quebrantados en la prisión de la ofensa. El perdón acelera la bendición de Dios en tu vida, dando rienda suelta al favor de Dios en tu futuro.

Cuando decidimos perdonar es cuando más nos parecemos a Cristo. En ese momento, al tirar la bomba del perdón, estamos detonando la presencia de Dios en nuestras vidas. Es hora de extender tu mano hacia la persona que te lastimó. No esperes. Tu triunfo está esperando el momento en que levantes el teléfono, mandes ese mensaje de texto o escribas esa carta.

14

El valor de pedir perdón

El día en que el niño se da cuenta de que todos los
adultos son imperfectos, se convierte en adolescente.
El día en que los perdona, se vuelve adulto. Y el día
en que se perdona a sí mismo, se vuelve sabio.

—Alden Nowlan, poeta, novelista
y dramaturgo canadiense

Una cosa es que alguien venga a pedirnos perdón. Pero
todo cambia cuando somos nosotros los que necesitamos que nos perdonen. Lo que más lastima a las
familias, los matrimonios, los líderes, los socios de negocios y
los amigos, es la falta de valentía para hacer las preguntas que
protegen esas relaciones, cuestiones como: "¿Me perdonas?".
C. S. Lewis muchas veces lograba ver más allá del barro de
la vida, revelando la verdad del corazón humano. Él observó:

"Todos decimos que el perdón es algo encantador, hasta que necesitamos perdonar a alguien". Cuando pedimos perdón, decidimos volvernos vulnerables al punto de darle el poder al otro. Estamos a merced del otro, y eso requiere de muchísima valentía. Cuando pedimos perdón, nos cuesta lidiar con la debilidad y con el sentimiento de inferioridad. Y, sin embargo, pedir perdón demuestra todo lo contrario: revela notable madurez, fuerza y valentía.

Uno de los más grandes ejemplos de valor fue el que vi cuando dos rivales de pandillas empezaron a asistir a nuestra iglesia. Carlos y Tony, que en las calles se consideraban enemigos, ahora enfrentaban el dilema de tener que verse como hermanos en Cristo. Se habían conocido en prisión y habían peleado muchas veces. Carlos había sido un líder pandillero de alto nivel, responsable de muchos delitos cometidos entre las dos pandillas. Tony era el hermano de un hombre asesinado por uno de la otra pandilla. Debido a su historia pasada, tenían que haberse agarrado a golpes en el momento en que se vieron. Pero Dios tenía un plan distinto para ellos.

Pedir perdón revela notable madurez, fuerza y valentía.

Siguieron asistiendo a Cornerstone y permitieron que Dios transformara la imagen que tenían de sí mismos y el uno del otro. Se empezaron a ver como hombres, no como enemigos. Aunque no se hablaban en absoluto. Solo se miraban y apartaban la vista. Un domingo prediqué acerca del tema "Escapando de la prisión llamada común", en donde enseñe como escapar de la prisión del pasado. El Espíritu Santo empezó a moverse en el corazón de uno de ellos, para liberarlos finalmente del lugar en que estaban.

Ese día, después del servicio, Carlos —el que había jurado lealtad a la pandilla que había matado al hermano de Tony—, se acercó a este y lo miró a los ojos. Le pidió perdón. Aunque Carlos no fue el que jaló del gatillo, extendió su mano y le pidió perdón a Tony por la pérdida y el dolor causado a su familia. Nadie sabía exactamente qué podía pasar, ahora que había dicho esas primeras palabras. ¿Respondería Tony con ira o violencia? ¿Podía borrarse de veras la historia que había entre ambos? Lentamente, Tony levantó la mano para tomar la de Carlos. No dijo nada, pero el apretón de manos bastó. Con los años, los dos dejaron atrás y para siempre su vida pasada, y buscaron una misión diferente. En vez de vivir en la violencia, Carlos y Tony comenzaron a ministrar a miles de jóvenes, hombres y mujeres, para que transformaran sus corazones y experimentaran la verdadera esperanza de una vida mejor.

Medita en el momento en que alguien entrega su vida a Jesucristo. Para recibir salvación, lo único que nos pide Dios es que vayamos a Él y confesemos que lo necesitamos. Él nos ofrece un corazón nuevo y una vida nueva, a cambio de que hagamos una simple pregunta: "Señor, ¿me perdonas?". Y aquí está la respuesta de Dios cuando venimos ante Él, con humildad, necesitando Su perdón:

> Pero si confesamos nuestros pecados a Dios, él es fiel y justo para perdonarnos nuestros pecados y limpiarnos de toda maldad. 1 Juan 1:9-10 (NTV)

Él es fiel y justo para perdonarnos. Fiel, porque lo hará. Justo, porque tiene derecho a perdonar. Él demuestra Su verdadera naturaleza como Justificador, con derecho legal a liberarnos de la deuda del pecado. Y le dice al mundo que aunque somos pecadores, se ha cumplido la justicia. Ya no necesitamos sentir que no valemos nada porque nos ha perdonado Aquel que determina la justicia. Y todo esto está a disposición de nosotros cuando preguntamos: "¿Me perdonas?".

El Justificador tiene derecho legal a liberarnos de la deuda del pecado.

Una de las ilustraciones más bellas del perdón la hallamos en la historia de la mujer que corrió grandes riesgos, solo por la oportunidad de recibir perdón. Tuvo que haber entrado con gran cuidado en la sala que estaba llena de gente que la despreciaba. Pero aun así, entró. Ignorando los murmullos de desprecio, tuvo que haber avanzado con la cabeza inclinada, mirando el piso, hasta llegar a donde estaba Jesús. A quien había venido a ver. Ahora que estaba a centímetros de Él, la vergüenza y la humillación la sobrecogieron. Cayó de rodillas ante Él con su rostro lleno de lágrimas, y su corazón no le permitió salir de allí, hasta haber hecho lo que había ido a hacer:

...se presentó con un frasco de alabastro lleno de perfume. Llorando, se arrojó a los pies de Jesús, de manera que se los bañaba en lágrimas. Luego se los secó con los cabellos; también se los besaba y se los ungía con el perfume. Lucas 7:37-38 (NVI)

Esa prostituta desafió a la crítica, al ridículo y a la vergüenza, por la oportunidad de sentarse a los pies de Jesús y derramar sus lágrimas y su ungüento. Aunque jamás le dijo lo que tanto deseaba su corazón, Él lo sabía. La amó, la protegió y le dio algo que nadie más podía darle: perdón.

Cuando sabemos que ofendimos a alguien con nuestras acciones o palabras, ¿corremos a rectificar? ¿Somos prontos para mostrar arrepentimiento por haber lastimado a alguien? ¿Adoptamos una actitud humilde ante la persona a la que ofendimos? Lo más frecuente es que obedezcamos al instinto de justificarnos, viendo por qué tomamos esas decisiones, y dejemos a un lado las consecuencias de lo que hicimos. Empezamos con excusas para justificarnos. Nos decimos: "Sabe que no fue mi intención. Se le pasará. Y si no se le pasa, es problema suyo". No asumir la responsabilidad de nuestras acciones ni pedir perdón, conduce a la ruptura de matrimonios, hogares y relaciones.

Si tienes que pedirle perdón a alguien, hoy mismo puedes decidirte a dar ese paso. Puedes decidir que irás a ver a tus padres, tus suegros, tus hijos o tus amigos, para hacerles una de las preguntas más poderosas: "¿Me perdonas?".

Pedir perdón limpia tu corazón de las toxinas de la culpa, la vergüenza y la autocondenación. La sinceridad en cuanto a tus errores quita de tus hombros el peso que cargabas y te permite enfrentarte cada día sin miedo a las personas a quienes ofendiste. Es hora de que avances y mires hacia lo nuevo en vez de vivir mirando por encima del hombro hacia atrás, esperando siempre que esa situación no te cobre lo que le debes.

Lo más importante es que, cuando pides perdón, tocas el corazón de Dios, y ganas dos características valiosas: humildad y poder. La primera es lo que trae Su gracia, Su misericordia y Su favor. Y la segunda te da autoridad para vivir con un propósito y la confianza de que no eres lo que hiciste. Es el poder que cancela el miedo al castigo por tus errores.

Puedes cambiar el rumbo de tus relaciones, empezando hoy mismo. Puedes avanzar con valentía hacia la sanidad y la restauración. Tal vez, ayer no hiciste esa llamada, ni enviaste ese mensaje de texto. No tuviste valor suficiente para pulsar la tecla de "Enviar", para que ese correo electrónico llegara a quien debía llegar. Tal vez, pospusiste esa conversación.

Hoy es tu día. Dios estará presente para ayudarte en cada paso del camino. Solo está esperando que le hagas la pregunta: "¿Me perdonas?".

15

Lo difícil del perdón

Cuando veas que cometiste un error, corrígelo de inmediato.

—Dan Heist, escritor

Muy a menudo pensamos que al pedir perdón, termina el proceso. En la mayoría de los casos, no es así. Muchísimos creyentes se preguntan por qué sus vidas espirituales siguen tibias y sus relaciones personales continúan tensas y distantes. Parte del problema consiste en que no han completado el ciclo del perdón. Claro que el perdón es gratis. Pero la confianza hay que ganársela.

En Su sermón más famoso, Jesús les dijo ese día a las multitudes que estaban en la ladera de la montaña, lo siguiente:

Por tanto, si estás presentando tu ofrenda en el altar, y allí te acuerdas que tu hermano tiene algo contra ti, deja tu ofrenda allí delante del altar, y ve, reconcíliate primero con tu hermano, y entonces ven y presenta tu ofrenda. Mateo 5:23-24 (LBLA)

Al acercarnos a Dios, nos empieza a hablar de las áreas que tenemos que corregir y enmendar. Empezamos a ver las relaciones que requieren nuestra atención. Esa es la imagen que Jesús pinta en este pasaje. No importa dónde estés, ni lo que hagas, cuando Dios te recuerda que alguien se siente ofendido por ti, Él quiere que actúes de inmediato.

> **Cuando Dios te recuerda que alguien se siente ofendido por ti, Él quiere que actúes de inmediato.**

Hace poco hice un estudio acerca de la vida de José. Al leer la historia, me intrigó su capacidad y voluntad para perdonar tan pronto y con tanta facilidad. A pesar de la angustia y la traición que había tenido que soportar, causadas por sus hermanos, abrió los brazos para recibirlos y les perdonó todo lo que le habían hecho. No buscó venganza ni justicia (Génesis 45:1-5).

Estaba en una posición que le permitía castigarlos. Pero decidió perdonar y hacer las paces. ¿Por qué estaba tan dispuesto José a perdonar a sus hermanos? ¿Cómo y cuándo aprendió a perdonar así? Una parte de las Escrituras que no brinda mucha información sobre el padre de José, Jacob, nos revela una poderosa influencia en la vida de José:

> Entonces Jacob levantó la vista y vio a Esaú, quien se acercaba con sus cuatrocientos hombres. Por eso repartió a los niños entre Lea, Raquel y sus dos esposas esclavas. Colocó en el frente a sus dos esposas esclavas con sus respectivos hijos, después a Lea con sus hijos, y por último a Raquel y a José. Entonces Jacob se adelantó a todos ellos. Cuando se aproximó a su hermano, se inclinó hasta el suelo siete veces delante de él. Génesis 33:1-3 (NTV)

José vio a su padre inclinarse ante Esaú, pidiendo perdón. Vio cómo su padre le ofrecía muchos regalos, con tal de calmar el corazón de su hermano. Y vio cómo las esposas, los sirvientes y los hijos de su padre se inclinaban ante Esaú en reconocimiento a la deuda entre los dos hombres. Vio que los dos se abrazaban y se besaban, llorando, reconciliándose como hermanos. José nunca olvidó lo que vio. Años más tarde, cuando vio en los ojos de sus hermanos la misma humildad y arrepentimiento, siguió el ejemplo de su padre y lloró al abrazarlos y besarlos.

Los hijos aprenden a perdonar, y restaurar la confianza, viendo a sus padres. El ejemplo que les damos hoy —negándonos a guardar rencor, a mantener la cuenta de las ofensas o buscar venganza—, sirve como modelo que les recuerda constantemente cómo lidiar correctamente con los conflictos y las desilusiones.

El hombre bueno deja herencia a los hijos de sus hijos. . .
Proverbios 13:22 (LBLA)

La mayor herencia que podemos dejarles a nuestros hijos es el deseo innato de hacer lo correcto en nuestras relaciones. Si tú y yo sembramos hoy una semilla de paz, de cambio, en una relación rota, cosecharemos no solo en nuestros hijos sino también en nuestros nietos.

Como hijo he visto a mi padre darnos ejemplo del mismo mensaje de perdón, y como resultado hoy cosecha el fruto de su herencia en las vidas de sus hijos y nietos. Sé que esto se debe mayormente a su decisión con respecto a sus relaciones con su esposa, sus hijos, sus hermanos, sus socios y sus empleados, conduciéndose siempre con dignidad, respeto y honor.

A lo largo de los años de trabajo con mi padre le vi actuar cientos y miles de veces en transacciones de negocios. Así como en la vida, a veces un proyecto no salía precisamente como lo planeaba, a causa de alguna complicación o un detalle pasado por alto. El cliente entonces esperaba que mi padre se ocupara de corregir el error. He visto con mis propios ojos la humildad de mi padre, que se dedicaba a corregir hasta el último detalle de un proyecto, con tal de preservar la integridad de una relación de negocios. Y en casa era igual. Esas imágenes están marcadas en mi subconsciente y a medida que fui creciendo sirvieron como ancla para afianzarme en mis relaciones. Ya adulto, cuando tenía que volver atrás y corregir una relación, oía la voz de mi padre: "Sergio, arregla las cosas. Haz tu parte para que se arreglen. Dios se ocupará del resto".

Hoy quiero expresarte lo mismo que me dijo mi padre. Haz tu parte para que se arreglen las cosas y deja que Dios haga el resto. Tal vez, tu parte sea pagar una deuda de dinero o restaurar la confianza al restablecer los límites en una relación. Tal vez signifique abrir las líneas de comunicación después de años de silencio. Da el primer paso para corregir las cosas. Toma la iniciativa. Cuando des los pasos para corregir tus relaciones, hazlo no solo con una disculpa, sino preguntando además: "¿Qué puedo hacer para arreglar las cosas?". El corazón que anhela corregir los errores hará todo lo posible por alcanzar la restitución.

Haz tu parte para que se arreglen. Dios se ocupará del resto.

De eso se trata ser parte de la *revolución del corazón*. No nos contentamos con solo pedir disculpas e irnos. La verdadera reconciliación y perdón busca la sanidad y la restauración en todos los aspectos.

Jesús fue el ejemplo supremo de la persona que corrige y arregla las cosas. El perdón es gratis porque Él pagó el precio de restaurar la relación entre Dios y nosotros. Dios quería perdonar, pero había que pagar un rescate.

De hecho, según la ley de Moisés, casi todo se purificaba con sangre porque sin derramamiento de sangre no hay perdón. Hebreos 9:22 (NTV)

Jesús pagó ese rescate, por nosotros —por nuestros hijos, nuestros nietos y todas las generaciones futuras—, con Su sangre. Dios anhelaba tanto la reconciliación que envió a Su Hijo para que pagara por nuestros pecados, incluso por los que todavía no hemos cometido. ¡Eso sí que es poderoso!

Al entrar en este perdón divino, verticalmente, vemos una transformación en nuestras relaciones, en sentido horizontal. Cuanto más entendemos que Dios ya ha pagado el precio para que nuestras relaciones lleguen a su plenitud, tanto más vemos que, así como Jesús, podemos hacer lo que haga falta para que en nuestras vidas haya sanidad, reconciliación y restauración.

Tal vez te estés preguntando: "¿Y si voy y no me reciben? ¿Y si dudan de mi sinceridad? ¿Qué pasa si no funciona?". Lo bello de buscar la reconciliación es que el tiempo está de tu lado. Sigue haciendo las cosas bien. Sigue avanzando, aunque sea con pasos pequeños, hacia la restauración. Mantén abiertas las líneas de comunicación. No te pongas a la defensiva. No retrocedas. Unos te recibirán enseguida, otros necesitarán tiempo para volver a confiar. Con el tiempo, si sigues reconstruyendo el puente de la confianza, recuperarás esa relación.

Reconoce aun que habrá quienes rechacen tu primera petición solo con la esperanza de que continúes buscando la reconciliación. Confía que el tiempo logrará ablandar lo que las palabras no consiguen suavizar en el corazón de la persona con quien quieres reconciliarte. Cuando esperas el tiempo de Dios en tus relaciones, te liberas de las ataduras del tiempo cronológico. Confía en el calendario de Dios, y como nos promete su palabra, Él hará bellas todas las cosas a su tiempo (Eclesiastés 3:11).

Hoy es tu momento de restauración, mientras que abres las puertas de la sanidad, decidiendo corregir tus relaciones. Tus acciones tal vez restauren más que una relación. Pueden restaurar incluso una vida.

16

El milagro del perdón

El que no tiene poder para perdonar, carece del poder para amar.

—Martin Luther King Jr.

Con frecuencia se dice que el perdón es "una acción antinatural". Uno de los objetivos de la *revolución del corazón* consiste en vencer esa mentalidad. Mi oración es que, a medida que Jesucristo revolucione nuestros corazones y nuestras vidas, empecemos a ver que lo antinatural es no perdonar.

Es hora de que tú y yo nos volvamos profesionales del perdón, que dominemos el arte de perdonar y de dejar atrás las ofensas. Las relaciones saludables no están exentas del dolor. No. Las relaciones saludables son las que han aprendido el secreto de dejar atrás lo pasado, para avanzar.

Dios siempre está pensando en tu futuro, por eso hay momentos clave en que te dirá: "Es hora de avanzar". Los israelitas tuvieron uno de esos momentos. Cuando estaban acampando en el monte Sinaí, Dios les dio esta orden:

Ya pasaron bastante tiempo en este monte. Es hora de levantar el campamento y seguir adelante. Deuteronomio 1:6-7 (NTV)

Llegará el momento en que todos tendremos que levantar el campamento para seguir adelante. Unos tendrán que levantar las tiendas de ira que dejaron erigir en sus corazones, porque se han enojado con alguien. Otros tendrán que desarmar las tiendas de la falta de perdón consigo mismos y dejar de castigarse por algún error cometido años antes. Eso ya pasó.

> **Las relaciones saludables son las que han aprendido el secreto de dejar atrás lo pasado, para avanzar.**

La falta de perdón nunca estuvo en los planes de Dios para nosotros. Uno de los aspectos más peligrosos de la falta de perdón es que mantiene a las personas y las familias atadas a la mentira de que aferrarse durante años y años a una ofensa, de alguna manera castiga al ofensor más que al ofendido. Es como beber veneno y esperar que muera otro. Hay muchas familias, muchos hogares, muchos amigos, muchos líderes que han bebido el veneno de la falta de perdón.

Habiendo llegado a este punto del libro creo que Dios te ha hablado ya de las áreas que necesitan de Su gracia, Su misericordia y Su amor. Y como Dios ha sido fiel y ha lavado esas áreas, ha llegado el momento en que trazarás esa línea que no volverás a cruzar: la línea que te impide que la falta de perdón vuelva a entrar en tu corazón. Te aliento a decir lo siguiente:

"No voy a volver atrás. No le daré lugar a la falta de perdón, a la amargura ni a la ofensa. Ya no. No importa qué suceda a partir de ahora, decido que avanzaré e iré hacia adelante".

Esa es la verdadera esencia de la *revolución del corazón*.

Un domingo, Samantha, una joven de veintitantos años, me oyó hablar de revolucionar relaciones, a través del perdón. Se derramó en llanto después del servicio, pensando en su relación con su madre. Durante más de veinte años Samantha la había visto usar heroína. Casi todos los días de su vida la había visto entrar al baño y pasar allí largos ratos, para salir drogada. De niña, Samantha recordaba haber tirado agujas, cucharas, bolsas con droga, con tal de salvarle la vida a su mamá.

"No le daré lugar a la falta de perdón, a la amargura ni a la ofensa".

Sollozaba mientras me contaba las noches en que se dormía llorando, pidiéndole a Dios que se llevara a una de las dos para que por fin se detuviera esa montaña rusa. Samantha estuvo cargando con el dolor de sentirse abandonada, sin valor alguno, rechazada por la persona cuyo amor tanto anhelaba. En su dolor, ella también se hizo adicta. Solo que no consumía heroína como su madre. La droga de Samantha era la amargura, la ira y la falta de perdón. En medio de las lágrimas, me contó que había permitido que la ira y la amargura acallaran el dolor de no tener una madre a quien acudir, alguien que la aconsejara, con quien compartir sus sueños y sus alegrías.

Así que la miré seriamente y le dije: "Después de tantos años de sentir desilusión y resentimiento, Samantha, ha llegado la hora de perdonar a tu mamá. Incluso si sigue drogándose, perdónala. No por ella, sino por ti. Entonces Dios podrá darte el milagro del perdón".

En los meses siguientes Samantha inició el proceso de dejar atrás los recuerdos y sentimientos que guardaba respecto a su madre. Había trazado en su joven corazón la línea que decía: "Pase lo que pase, no voy a volver atrás".

La mamá de Samantha siguió con su problema de drogadicción dos años más. Pero luego, le entregó su corazón a Dios. Samantha lloró junto a ella ante el altar, y le repetía: "Mamá, te perdono". Los años de culpa y vergüenza cayeron hechos trizas, liberando a esa madre que lloraba con su hija. Era un llanto de sanidad, de perdón y restauración. Hoy, al ver a esas mujeres, no ves rastros siquiera de lo que fueron. Lo único que ves es el milagro del perdón en esa madre que tiene una segunda oportunidad para hacer bien las cosas en la bella relación que hoy mantiene con su hija y sus nietos.

Dios quiere hacer ese mismo milagro con tus relaciones. Samantha tenía buenas razones para seguir con el corazón duro, lleno de amargura, durante el resto de su vida. Sin embargo, tomó la valiente decisión de no volver a las emociones que tan conocidas le habían sido en el pasado. El hecho de poder hacerlo, no significaba que tuviera que hacerlo. Así que decidió avanzar en lugar de permanecer atrapada en el dolor. Decidió quitar de raíz la amargura que se había alojado en todos los rincones y las grietas de su corazón. Y con ello revolucionó su corazón y, a la vez, el de su madre y el de sus hijos.

Al igual que las raíces de una planta, las raíces de amargura y la falta de perdón comienzan muy lentamente a ocupar el corazón de las personas, hasta que su crecimiento se vuelve imposible. El autor de Hebreos nos advierte:

Asegúrense . . . que ninguna raíz amarga brote y cause dificultades y corrompa a muchos. Hebreos 12:15 (NVI)

Por mucho que siembres buena semilla, si el suelo del corazón es duro, la semilla no germinará. Incluso para Jesús, ese fue un obstáculo en cuanto a lo que podía hacer en Su propia ciudad. Como vemos en la historia en Marcos, en la que Jesús se tuvo que limitar de hacer milagros a causa de que los que lo conocían se ofendieron (6:2-3, 25).

No hay ofensa que valga la pena como para impedir que en tu vida ocurra lo milagroso. Más allá de lo que haya sucedido en el pasado, ha llegado el momento de perdonar. De eso depende tu futuro. Es hora de levantar el campamento y avanzar, dejando atrás la falta de perdón. Traza en tu corazón la línea, y promete que no volverás a la culpa, al dolor ni a la vergüenza.

Hay gente que está esperando que tu perdón les reviva. Tu decisión de perdonar tiene poder, no solo en tu vida sino en las de quienes amas.

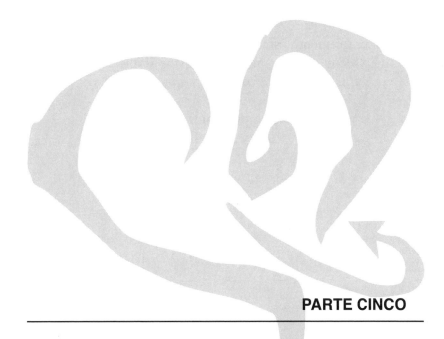

ENCUENTRA EL CORAZÓN PARA GANAR DE NUEVO

Complementa esta lectura viendo la quinta parte
del videomensaje especial del pastor Sergio titulado:
Encuentra el corazón para ganar de nuevo

Visita **www.sergiodelamora.com/heartrev**

17

Nacidos para vencer

Cuando dices que una situación o una persona no tienen remedio, le estás cerrando la puerta a Dios en la cara.

—Charles L. Allen, ministro

A todos nos encanta ese momento de una película en que el perdedor se da cuenta de que no va a perder sin presentar batalla. Con los gritos de la multitud como sonido de fondo, y la mirada que anuncia su derrota en los ojos del adversario, el que se consideraba perdedor reúne una increíble fuerza desde dentro y avanza con esfuerzo hacia la victoria. Lloramos y nos alegramos, porque su triunfo parecería ser nuestro también. Dentro de cada uno de nosotros está ese anhelo inherente de triunfar. Se llama impulso, momento, pasión. Y cuando lo perdemos, es necesario que actuemos con rapidez para recuperarlo.

¡Dios quiere que empieces a ganar una vez más! Que ganes en casa, con tus hijos, en la escuela, en el trabajo, dondequiera que vayas. ¡Porque dentro de ti hay un ganador!

He oído decir: "El hombre puede vivir cuarenta días sin comer, y unos tres días sin agua, además de unos ocho minutos sin aire. Pero solo durará un segundo si no tiene esperanzas". Todos necesitamos la seguridad de saber que aun cuando la vida se vea terrible en un momento, siguen habiendo posibilidades de que las cosas mejoren. A veces, lo único que nos hace falta es un poco de agua viva para volver a brotar, como vemos en esta imagen del libro de Job:

¡Dios quiere que empieces a ganar una vez más!

> Cuando se corta un árbol, queda aún la esperanza de que retoñe y de que jamás le falten renuevos. Aunque ya esté vieja la raíz y el tronco se esté pudriendo en el suelo, al sentir la frescura del agua, reverdecerá; echará ramas como una planta tierna. Job 14:7-9 (DHH)

Si sientes que te han derribado, o que te han arrancado de raíz, es probable que apenas necesites un poco para renovar tu vigor. Con un poco de la Palabra de Dios y tu mentalidad cambia. Un poco de Su amor y tu corazón se transforma. Un poco de Su favor y tu vida empieza a cambiar. Cuando has llegado al final de la soga, solo necesitas una cosa: un poco de esperanza.

La esperanza no se basa en la expectativa de que todo tendrá sentido o cambiará para ser exactamente lo que quieres que sea. La esperanza es mucho más fuerte que eso. Es la convicción de que Dios está contigo, que tiene un propósito que no ves, con todo lo que estás viviendo. En tu mente, tal vez la palabra *esperanza* no sea más que un deseo, un sueño. Pero en el lenguaje de Dios la esperanza es el ancla que mantiene tu unión con la eterna verdad de que Dios es confiable, fiel y puedes depender de Él.

Con los años, he llegado a ver que la mayoría de las personas quieren ganar, desesperadamente, pero temen volver a creer. Nuestra sociedad está llena de miles de personas que solo quieren volver a creer. Han soportado tanto dolor que les obsesiona el miedo. Hay hombres que por haber perdido su empleo, por haber fracasado en los negocios, sienten ese aguijón del orgullo herido y ahora temen volver a intentarlo. Hay mujeres que por haber sufrido la pérdida de un hijo, temen albergar esperanzas de tener otro bebé. Hay familias que por haber perdido su casa temen creer que podrán volver a ser dueños de otra vivienda propia. Cuando te han golpeado grandes pérdidas, como esas, cuesta creer que puedes depender de Dios para que te dé la victoria. Sin embargo, lee lo que dijo David cuando el Señor lo salvó de Saúl y sus otros enemigos:

> El Señor es mi roca, mi fortaleza y mi salvador; mi Dios, mi roca, en quien encuentro protección. El es mi escudo, el poder que me salva y mi lugar seguro. Él es mi refugio, mi salvador, el que me libra de la violencia. 2 Samuel 22:2-3 (NTV)

Este mismo Dios quiere ser tu roca cuando las cosas se vuelvan inestables. Quiere ser tu fuerza cuando te sientas débil, tu refugio cuando no sepas a dónde ir.

Mario era un hombre que parecía haber nacido para perder. Cuando tenía once años, su padre le enseñó a drogarse, a él y a su hermano. Años después, el padre de Mario fue condenado a prisión y los jóvenes quedaron solos. Desde ese momento, la vida de Mario inició un descenso en espiral, para sumirse cada vez más en las drogas y el alcohol. Se casó con una joven que era adicta como él, pero como Mario vivía drogado, no pudo darse cuenta de que su vida iba por un camino de destrucción. Tuvieron una hija, pero no le hablaba más que para gritarle que se saliera de la sala. De modo que todo empezó a empeorar. Su hija entró en la casa una noche y encontró a su madre muerta, por una sobredosis. Mario sintió que lo oprimía el dolor y la culpa; y no sabía cómo ayudar a su hija en medio de su dolor. Vivieron como extraños; Mario hundía su cabeza, cada vez más, en un océano de negación y drogas. Se casó con otra adicta que tenía dinero como para comprar drogas pero también, para criar a su hija. Mario quería que llegara el día de su muerte. Al menos, se libraría del dolor por todo lo que había perdido, y allí acabaría la historia.

Entonces, sucedió algo inesperado. Su padre lo llamó desde la prisión, pidiéndole perdón. Atónito, Mario oyó cómo su padre le contaba que había decidido entregarle su vida a Cristo, desde la cárcel. Y ahora quería ayudar a sus hijos a dejar las drogas. Quería corregir el mal que había cometido. Mario no sabía qué decir. No tenía idea de cómo responder. Colgó el teléfono y de inmediato fue a drogarse. Pero Dios había comenzado a planear una oportunidad para que Mario cambiara de vida. Esa llamada, y una invitación a ir a nuestra congregación, trajo a la esposa de Mario a la Iglesia Cornerstone. No entendía qué le sucedía, pero empezó a rogarle a Mario que la acompañara. En seis meses más, ambos transformaron su corazón, y comenzaron a vivir libres de drogas. Su vida dio un giro total. Al punto de que la hija de Mario redactó una carta para participar en un concurso de una camioneta nueva para su papá. La línea que conmovió al jurado, fue la parte en que contaba que nadie creía que su padre pudiera cambiar, o pudiera tener cosas buenas en la vida. Ella quería darle a su papá la oportunidad de sentirse ganador, a pesar de todo lo que habían vivido. Cuando Mario ganó la camioneta, nadie pudo decir que no había sido Dios quien le había dado ese giro a su vida.

Tal vez, sientas lo mismo que Mario. Que perderás siempre, que te derribarán una y otra vez en la vida. Y, como él, necesitas saber que dentro de ti hay más que eso. ¡Este no es el final! Quizás esta vez te hayan derribado, pero todavía no ha sonado la última campanada. ¡Todavía puedes seguir un poco más! Puedes darle una oportunidad más a tu matrimonio, a tus hijos, a tu futuro y a Dios. Decide que te llenarás de fe y, como una fiera, vas a negarte a rendirte, a sentarte o a callarte. ¡Tienes una oportunidad más dentro de ti!

> **Decide que te llenarás de fe y, como una fiera, vas a negarte a rendirte.**

Habrá quien piense: "Sí, quisiera intentarlo de nuevo, pero no sé si tengo fuerzas para eso". Todos nos hemos sentido desalentados, agotados, alguna vez; al punto de querer tirar la toalla. Pero si te aferras a esta oportunidad, encontrarás que la victoria está más cerca de lo que crees.

En la historia que cuenta cómo Gedeón se preparó para la batalla, vemos que comenzó con 32,000 hombres que marchaban detrás de él. Pero terminó solo con trescientos. El texto describe no solo la condición de sus cuerpos, sino la de sus corazones.

Gedeón y los trescientos hombres que iban con él llegaron al Jordán y lo cruzaron, cansados, mas continuando la persecución. Jueces 8:4 (LBLA)

A pesar de que sus cuerpos estaban exhaustos, no perdieron el ánimo. Siguieron avanzando hacia su destino. Tienes derecho a sentirte cansado, pero no a abandonar tu lucha. Cuando tu cuerpo y tu mente amenacen con rendirse, permite que esa esperanza confiada en la victoria te impulse a seguir. Es lo que marcó la diferencia en el liderazgo de Gedeón. ¡Fue modelo para sus 300 hombres, y les mostró que no habían nacido para perder! ¡Habían nacido para ganar! Y ganaron. Esos 300 hombres derrotaron a más de 15,000 guerreros, porque decidieron que no se rendirían.

Gedeón no fue el único hombre de la Biblia que se enfrentó con la tentación de abandonar la lucha. En el Nuevo Testamento, la gente de Galacia estaba exhausta, a punto de darse por vencidos. La Biblia no nos dice exactamente cuál era el problema que los agotaba y desgastaba su fe. Pero piensa en lo que hoy estás viviendo. Muchos de nuestros problemas se parecen a los que tenían los gálatas. Pablo, sin embargo, les aseguró que verían el fruto de su fidelidad cuando llegara el momento:

Así que no nos cansemos de hacer el bien. A su debido tiempo, cosecharemos numerosas bendiciones si no nos damos por vencidos. Gálatas 6:9 (NTV)

Lo que les estaba diciendo era: "Pase lo que pase, no se den por vencidos". ¡Dios te está diciendo lo mismo! "Pase lo que pase. No te rindas. Pase lo que pase, no pierdas el ánimo". No naciste para perder. ¡Naciste para ganar! No importa qué problemas tengas, esta promesa es para ti:

Ustedes, queridos hijos, son de Dios y han vencido a esos falsos profetas, porque el que está en ustedes es más poderoso que el que está en el mundo. 1 Juan 4:4 (NVI)

Aquel que está dentro de ti, el ganador más grande de todos los tiempos —Jesucristo—, está a tu lado, alentando tu corazón para volver a ganar.

18

Recupera la persona que eres en realidad

Tu lenguaje interior, tus pensamientos, pueden enriquecerte o empobrecerte, hacer que te amen o no, hacerte feliz o infeliz, atractivo o no, poderoso o débil.

—Ralph Charell, escritor

El crimen número uno en los Estados Unidos es el delito de robo de identidad, y el crimen número uno en las iglesias, es el robo de la identidad espiritual. A mucha gente le han robado su identidad en Cristo, y hoy operan con una identidad que jamás fue la que debían tener. En lugar de identificarse como ganadores, hoy se asocian con los términos de "perdedor" o "decepción". En realidad, son víctimas de robo de identidad y viven lo que otros han escrito para sus vidas.

Cualquier película que haya ganado un prestigioso premio, se lo debe en parte a quien escribió el guión. Porque es el autor quien ve la plenitud de los personajes, incluso antes de que tomen forma en la pantalla grande. Lo mismo sucede con tu Padre celestial y el guión que ha preparado para ti en Su Palabra. Es un guión marcado por la victoria y el triunfo. ¡Dios mismo es el escritor del guión de tu vida!

Cuando comienzas a alinearte con Su guión, a desarrollar el personaje que Él tiene predestinado para tu vida, descubres que en Su guión tienes todo lo que necesitas para ganar. Muchas veces es más fácil-enfocarse en los guiones negativos que otros han escrito para tu vida. Pero si lo haces, te pierdes el poder de vivir uno marcado por la grandeza, el propósito y el destino que Dios puso en el guión que predestinó para ti.

En el guión de Dios, ¡tienes todo lo que necesitas para ganar en la vida!

Sé lo que se siente cuando hay que seguir un guión que otros escribieron para ti. Cuando niño, mis padres escribieron un guión para mi vida que me protegió cuando me encontré sin rumbo, habiendo decidido seguir el guión de la pandilla del barrio. Mi padre soñaba que sus hijos se encargarían del negocio de jardinería, y que alcanzarían el éxito más allá de todo lo que él había logrado. Mi padre y mi madre veían mi futuro en el negocio de la familia, pero a mí me costaba mucho creer que ese era el camino adecuado para mí. Incluso cuando intenté seguir mi propio camino, no se dieron por vencidos ni olvidaron su guión para mi vida. Siguieron creyendo en mí, dándome espacio para asimilar el carácter que Dios les había mostrado que tenía dentro. Podían ver la grandeza en mí, pero yo no. Tuvieron que confiar en que el guión de Dios resonara con más fuerza que el de mis amigos.

A los diecisiete años no entendía que trabajar con mi padre los fines de semana era algo que me enseñaba mucho más que la actividad del negocio familiar. No podía ver que la diligencia, la excelencia y la responsabilidad lentamente me estaban moldeando. Lo único que sabía es que todos los sábados y todos los veranos, iba a estar con mi padre cortando césped, escarbando zanjas y plantando árboles en alguna mansión de Santa Bárbara. Hoy, sin embargo, puedo ver de qué manera la tinta de la pluma de Dios iba construyendo la historia de mi vida. Cada experiencia que viví mientras crecía, encontraría su lugar en mi destino como adulto. Te aliento a que confíes en la mano de Aquel a quien le has confiado tu corazón.

Un día, estando en la entrada de autos de nuestra casa, le dije a mi padre que en el departamento de construcción de la ciudad, estaban considerando mi solicitud de empleo. Le expliqué muy orgulloso que ganaría doce dólares por hora en lugar de los seis que ganaba con él. Confiaba en que estaría tan orgulloso y contento como yo, al ver que buscaba formar para mí mismo una exitosa carrera, como lo había hecho él. ¿Qué importancia tenía si trabajaba para otros y no para él? Seguramente, estaría orgulloso de mi decisión de no conformarme con un salario mínimo. Le importaba el éxito, así que yo esperaba su aprobación, ansioso.

Papá suspiró y me miró. Y dijo: "Sergio, vas a ganar doce dólares por hora trabajando para otra compañía, cuando podrías ganar una cantidad sin límites trabajando para ti mismo. El negocio es tuyo. Todo lo que hago es para ti. ¿Es que no ves que ya eres millonario?".

Sus palabras me hicieron enfurecer, porque no me sentía millonario. Y cada vez que leía el estado de mi cuenta bancaria ¡sabía que no lo era! Pero lo que me dijo mi padre luego, revolucionó mi mentalidad acerca de la adquisición de la riqueza. Me dijo: "Aquí eres el jefe. ¿Qué jefe deja su puesto para ser empleado de otro? Piensa en grande, Sergio".

Quedé atónito. En el guión de mi padre yo era jefe. En el mío, era empleado. Sus palabras ese día lo cambiaron todo. Rechacé el puesto de trabajador para la ciudad, acepté el dinero que ganaba, y nunca volví a preguntarme si estaba haciendo lo correcto o ganando lo suficiente. Con el tiempo, mis hermanos y hermanas también se unieron al negocio de mi familia, cumpliendo así el sueño de mi padre. Hoy estoy orgulloso de decir que el guión suyo para el éxito de sus hijos se está cumpliendo.

Tal vez, el guión escrito para ti no haya sido de éxito, como el que mis padres tenían para mí. Quizá haya sido todo lo contrario. Uno parecido al de David, cuya familia y amigos solo veían a un muchacho pastor de ovejas, y no a un guerrero y rey. David estaba preparado cuando le tocó el momento de interpretar su personaje y luchar contra Goliat, pero para eso, tuvo que hacer a un lado el guión de los que dudaban y le negaban la victoria:

> —No te preocupes por este filisteo —le dijo David a Saúl—. ¡Yo iré a pelear contra él! —¡No seas ridículo! —respondió Saúl—. ¡No hay forma de que tú puedas pelear contra este filisteo y ganarle! Eres tan sólo un muchacho y él ha sido un hombre de guerra desde su juventud. 1 Samuel 17:32-33 (NTV)

David se negó a cambiar de guión. Sabía que Dios le había ayudado antes, en muchas batallas, y confiaba en el guión que había escrito para él. No iba a renunciar a lo que sabía que podía lograr con Dios. Pero el rey Saúl intentaba escribir un guión diferente para David:

> Luego Saúl vistió a David con su uniforme de campaña. Le entregó también un casco de bronce y le puso una coraza. David se ciñó la espada sobre la armadura e intentó caminar, pero no pudo porque no estaba acostumbrado. —No puedo andar con todo esto —le dijo a Saúl—; no estoy entrenado para ello. De modo que se quitó todo aquello. 1 Samuel 17:38-39 (NVI)

David sabía que no podría alcanzar la victoria andando en los zapatos de otro, usando la armadura y la espada de otra persona. Tenía que confiar en el ganador que Dios había puesto en su interior.

Tu victoria no está en las opiniones o mentalidades negativas de los demás. Tal vez hayas pasado por alguna derrota, pero no te han derrotado. Dios no mira nuestro pasado para determinar nuestro futuro. Él mira lo que tiene predestinado para nuestras vidas y nos recuerda que nuestro pasado es nada más que eso: exactamente, pasado. Hoy puedes decidir que te levantarás, te sacudirás y saldrás a correr en busca de tu premio. Que las palabras de Pablo, sean también las tuyas:

Olvido el pasado y fijo la mirada en lo que tengo por delante, y así avanzo hasta llegar al final de la carrera para recibir el premio celestial al cual Dios nos llama por medio de Cristo Jesús. Filipenses 3:13-14 (NTV)

Deja que Dios empiece a susurrarte Sus planes y propósitos para tu vida. Deja atrás las circunstancias y los pensamientos que hayan intentado definirte. Fuiste creado para conquistar. Naciste para ganar. Dios sabía desde el principio de los tiempos que te apartaría para hacer grandes cosas para Él. Así como se lo dijo a Jeremías, te lo está diciendo hoy a ti:

Dios no mira nuestro pasado para determinar nuestro futuro.

"Antes de formarte en el vientre, ya te había elegido; antes de que nacieras, ya te había apartado; te había nombrado profeta para las naciones." Jeremías 1:5 (NVI)

Dios te eligió, te apartó y te predestinó para que logres cosas maravillosas para Él. No naciste por accidente. No fuiste un error. Eres alguien diferente, único, maravillosamente creado, y cada uno de tus días ya ha sido preparado de antemano (Salmo 139:15-16).

Deja que el amor de Dios y Su guión para ti brillen mucho más que cualquier otra cosa que hayas oído, sentido o experimentado.

Que en tu corazón se impriman palabras nuevas —*redimido, restaurado, renovado*—, para que puedas empezar a vivir con un nuevo sentido de propósito y dirección.

¡Ha llegado el momento de volver a recaptar quién eres en realidad!

19

Dios tiene una estrategia para sostener tu éxito

Al ver la semilla del fracaso en cada éxito, permanecemos humildes. Al ver la semilla del éxito en cada fracaso, mantenemos la esperanza.

—Anónimo

Todo equipo deportivo profesional entra en el campo de juego de un campeonato con una estrategia para ganar, claro está. Desde el momento en que suena la campana o comienza el juego, cada jugador se concentra en una sola cosa: la victoria. Llegan a ese momento después de entrenar durante meses y están dispuestos a dar sangre, sudor y lágrimas, con tal de vencer. No se conformarán con el segundo lugar. Es todo o nada, los que son más tenaces y talentosos suelen terminar en el primer lugar.

Del mismo modo, Dios quiere que camines en triunfo y en victoria. De hecho, Pablo usa el ejemplo de los atletas para presentarles a los corintios el desafío de vivir buscando la victoria:

> ¿No se dan cuenta de que en una carrera todos corren, pero sólo una persona se lleva el premio? ¡Así que corran para ganar! 1 Corintios 9:24 (NTV)

Dios quiere que cada uno de nosotros viva con la motivación y el impulso de alcanzar el éxito en todas las áreas de nuestra vida. Muchas veces, la gente tiene una idea errónea con respecto a que a Dios no le interesa el éxito ni la victoria. Sin embargo, la Biblia afirma lo contrario:

> ...y digan siempre: "Exaltado sea el Señor, quien se deleita en el bienestar de su siervo." Salmo 35:27 (NVI)

Dios quiere que camines en triunfo y en victoria.

La Biblia afirma con toda claridad que a Dios le agrada ver que tengas éxito. Cada uno de nosotros tiene una cualidad que por instinto nos hace buscar lo que está más allá, si vemos la oportunidad de la victoria. Con los años, me he cruzado con mucha gente que ha creído que a Dios no le importan sus éxitos. En algún punto de la vida, algo les hizo creer que a Dios no le interesa si tienen lo mejor en su matrimonio, su familia, su carrera, su educación o su vida espiritual.

Sin embargo, las Escrituras nos dicen que Dios usa sus testimonios en estas áreas como ejemplo para el resto del mundo. ¿De qué otro modo puede Dios hacer que el mundo conozca Su fidelidad, Su bondad y Su misericordia, a menos que nuestras vidas den testimonio de ello? A Dios le gusta ver que Sus hijos ganen en todas las áreas porque es a través de nuestro éxito que le damos gloria a Él. Si nuestros matrimonios son exitosos, Él es quien recibe la gloria. Si nuestros hijos son exitosos, Él es quien recibe la gloria. Si nuestra familia es exitosa, Él recibe la gloria. Si nosotros alcanzamos el éxito, gana Dios, porque nuestras vidas son ejemplos de Su poder restaurador, Su inmensa bondad y Su innegable favor. Somos sus trofeos en el mundo:

> Así que, ¡gracias a Dios!, quien nos ha hecho sus cautivos y siempre lleva en triunfo en el desfile victorioso de Cristo. Ahora nos usa para difundir el conocimiento de Cristo por todas partes como un fragante perfume. 2 Corintios 2:14 (NTV)

Durante dos años fui entrenador del equipo de fútbol de una de mis hijas, algunos me decían que no las alentara a enfocarse en la victoria porque querían proteger a las niñas de la desilusión. Tenían la mentalidad de que solo había que ayudarlas a que se esforzaran por la sola satisfacción de jugar. Jugar sin un objetivo, sin pasión o motivación, no iba a ayudarlas a "dar lo mejor de sí". En realidad, eso era muy injusto para ellas.

A través de nuestros éxitos, Dios recibe la gloria.

Su potencial no iba a desarrollarse sin la oportunidad de vivir la victoria. Ellas querían esforzarse por más. Deseaban avanzar con esfuerzo, para ganar. Querían jugar sabiendo que lo daban todo en cada juego, en cada práctica. Anhelaban sentir el entusiasmo y la pasión de alcanzar el éxito.

Cuando ganaban, querían practicar más para volver a triunfar. Y si perdían, querían hacer lo que fuera con tal de mejorar. Cada una de ellas deseaba poder decir que habían ganado algunos juegos, hecho nuevos amigos, y lo más importante, saber que se habían ganado su autoestima. Al final de la temporada se esforzaban más de lo que ellas mismas habían creído posible, como resultado, ahora su definición de "dar lo mejor de sí" había cambiado.

Recuerdo esa época y me pregunto qué habría sucedido si solo las hubiésemos dejado jugar, guiándolas pero sin motivarlas. ¿Habrían podido saber de lo que eran capaces sin esforzarse al límite de sus capacidades para poder llegar más lejos, al objetivo de la victoria? Rompieron con sus limitaciones y expectativas, solo porque decidieron ir tras la victoria, sin conformarse con la mediocridad.

He sido consejero de muchísimas personas que preferían reducir o marginar sus sueños porque no querían arriesgarse a fracasar. He conocido también muchísima gente con miedo al éxito. Se apartaron del camino del éxito solo porque no quisieron enfrentar las presiones, las expectativas y el ritmo que implica una vida exitosa. La realidad de tener que mantener ese éxito era razón suficiente como para vivir en la mediocridad. Preferían conformarse con el segundo puesto para no vivir con la presión de tener que sostener sus triunfos.

Nunca fue el propósito que te conformaras con una vida de mediocridad. Dios quiere que vivas lo mejor que tiene para ti. La palabra éxito no tiene por qué asustarnos, porque la versión del éxito que nos da Dios, no viene con las expectativas y las presiones del mundo. El éxito, según Dios, se basa en la condición de que ya eres ganador, así que, ¿por qué no vivir como tal? Si Dios ya te ha dado las herramientas y los recursos para vivir con la mentalidad de triunfador, ¿por qué no creer en un matrimonio, una familia, un trabajo y unos hijos de primera clase?

Incluso si en el pasado te han dolido los fracasos o las desilusiones, el amor de Dios te llevará a la victoria:

Sin embargo, en todo esto somos más que vencedores por medio de aquel que nos amó. Pues estoy convencido de que ni la muerte ni la vida, ni los ángeles ni los demonios, ni lo presente ni lo por venir, ni los poderes, ni lo alto ni lo profundo, ni cosa alguna en toda la creación, podrá apartarnos del amor que Dios nos ha manifestado en Cristo Jesús nuestro Señor. Romanos 8:37-39 (NVI)

En mi trayectoria como cristiano y pastor, he sentido el dolor de la desilusión y el aguijón de la derrota, pero de esos momentos surgieron algunas de las oraciones más poderosas que jamás había orado: "Señor, haz que siga viviendo en bendición, en quebrantamiento y en obediencia". Jesús alimentó a las multitudes con unos panes y unos peces, siguiendo este principio

(Marcos 6:39-44). Los bendijo, los partió y alimentó a miles de personas. Así, Dios quiere que sigamos viviendo en bendición para que tengamos un sentido de significancia en su reino, quebrantados para necesitarle constantemente, y que sigamos obedientes para que jamás nos desviemos de Su plan para nuestra vida. Por eso te digo una vez más que puedes ganar y seguir ganando si mantienes activo este principio. Incluso si sientes que la línea de llegada no está a tu alcance, confía en que Dios completará la buena obra que inició en ti (Filipenses 1:6).

La estrategia de Dios para tu vida es, no que ganes solamente una vez, sino que sigas ganando siempre, en cada una de las áreas de tu vida.

20

Impulsado por el propósito

Fuiste hecho por Dios y para Dios y, cuando lo entiendas, la vida cobrará sentido.

—Rick Warren

En el mundo de los negocios, el entretenimiento, la política, el deporte, las finanzas y prácticamente en todos los aspectos de la vida, el poder es el que reina. En esos lugares, la gente se esfuerza por llegar a la cima, de manera que puedan controlar su propio propósito y destino.

Prefieren tener el control antes que ser controlados. Sin embargo, la *revolución del corazón* no tiene que ver con llegar a la cima ni con determinar tu propio destino. Tiene que ver con tener el poder para cumplir los propósitos y el destino que Dios escogió para tu vida. Ahora que tu corazón se ha transformado hacia Dios, tu vida también se vuelve a los propósitos y a la guía divina. En lugar de edificar el reino de alguien más, estás edificando el reino de Dios. Eres Su amado, y eres coheredero con Cristo, embajador Suyo, y le representas delante de todas las personas con quienes te encuentras. Lo que le mueve a Él, te mueve ahora a ti. Dios te creó a propósito y con propósito.

Ahora la pregunta es: ¿Cuál es el propósito de Dios para tu vida? Como pastor, es la pregunta que más me hacen. El propósito de Dios para cada uno de nosotros es el mismo: que le conozcamos y le demos a conocer. El modo en que lo hagamos depende de nuestro llamado individual, personal y único.

Nuestro propósito más elevado, el más supremo que podemos tener, es conocer a Dios y reflejar Su gloria y Su bondad ante nuestras familias, nuestros vecinos, el prójimo y todas las personas del mundo. Esta es la razón por la cual cuando Jesús sanó al endemoniado, le dijo que volviera con su familia en vez de decirle que le siguiera:

> Mientras Jesús entraba en la barca, el hombre que había estado poseído por los demonios le suplicaba que le permitiera acompañarlo. Pero Jesús le dijo: "No. Ve a tu casa y a tu familia y diles todo lo que el Señor ha hecho por ti y lo misericordioso que ha sido contigo". Marcos 5:18-19 (NTV)

Lo mejor que este hombre podía hacer para el reino era que les contara a todas las personas posibles lo que Jesús había hecho para revolucionar su vida. Hoy tenemos ese mismo mandato. A medida que nuestros corazones sean revolucionados, nuestro propósito se hace más claro. Te conviertes en alguien que transforma los corazones de otras personas porque Aquel que está dentro de ti, cambió el tuyo.

Para la mayoría de las personas, la revolución del corazón es únicamente una idea de la iglesia. Pero para ti y para los miles que han experimentado el amor, el perdón y el poder de Cristo, esta revolución es real. Eres el anuncio publicitario más grande de

El propósito de Dios para cada uno de nosotros es el mismo: que le conozcamos y le demos a conocer.

Dios ante los demás. Dios te ha sanado para que lleves a otros al Sanador. Te ha restaurado para que lleves a otros al Restaurador. Y te ha revolucionado para que ahora, tú te conviertas en un revolucionario.

Uno de los aspectos más gratificantes en la vida del pastor es la oportunidad que Dios nos da para hablarles a los jóvenes, para llegar a sus vidas y a sus corazones. Es un privilegio poder ser pastor de la nueva generación y ver cómo Dios desarrolla su potencial.

Felipe era un joven cuya historia es inolvidable. Creció en una familia que presentaba ante los hijos el modelo de la importancia de la oración, de la lectura de la Biblia y de la fe en Dios. Eran líderes de su iglesia y durante diez años sirvieron a Dios con fidelidad. Hasta que un día todo cambió. Su pastor tomó decisiones erróneas, que hirieron su testimonio y lastimaron a la iglesia, hasta que eventualmente se cerró. Los padres de Felipe estaban devastados. Lo dejaron todo y abandonaron su fe. Aunque no volvieron a relacionarse con ninguna otra iglesia, no impidieron que Felipe asistiera a la nuestra cuando su compañero de clase lo invitó.

> **Dios te ha revolucionado para que ahora, tú te conviertas en un revolucionario.**

Un día Felipe me dijo: "Pastor, mi familia no entiende por qué sigo a Dios después de todo lo que pasamos. Pero yo sé que lo más poderoso que tengo es mi testimonio. Quiero hacer una diferencia. Si pierdo mi testimonio, pierdo lo único por lo que me he esforzado tanto. Aunque ellos no lo entiendan, yo tengo que seguir viniendo y no voy a renunciar, hasta ver que regresen a la iglesia". Sus intuitivas palabras eran notables.

No pasó mucho tiempo hasta que Felipe se enteró de que a su madre le habían diagnosticado cáncer en etapa tres. Yo supuse que vendría al siguiente servicio con lágrimas en los ojos. Pero no fue así. Me miró ese día en el estacionamiento, sonriente y fue al santuario para ayudar a colocar las sillas, como lo había hecho durante todo el año. Durante el servicio, todos los jóvenes observaron que Felipe levantaba las manos y adoraba a Dios, como siempre. Esa noche, nunca dejó de sonreír.

Terminado el servicio me acerqué y le pregunté cómo estaba. Sonriendo, dijo: "Pastor, estoy muy bien. El médico dice que mamá tiene cáncer, pero para mí eso es un milagro. Estoy orando porque eso la traiga de nuevo a la iglesia. Tal vez ese sea el propósito de todo esto. Sé que Dios puede hacer lo que sea. Así que, en vez de pensar en el cáncer, solo lo veo como un milagro dentro de ella que Dios va a usar para mostrarle al mundo lo grande que es Él. Es buenísimo ¿verdad?".

Sonreí y dije en voz baja: "Sí, buenísimo".

Me alejé, con lágrimas en los ojos, conmovido por la fe de Felipe. Cuando su madre comenzó con la quimioterapia, Felipe estuvo con ella orando a la vez que sostenía su mano pequeña y frágil. Cuando la operaron para sacarle los tumores, allí estaba Felipe, de rodillas, rogándole a Dios por su milagro. Durante los próximos cinco años Felipe siempre estuvo con su mamá, sin renunciar jamás a su fe, por ella. Asistía a la iglesia cada semana con la misma sonrisa angelical, creyendo en ese milagro que sabía iba a llegar. Creía que su propósito era tener fe suficiente, no solo para pasar por eso sino para que también su mamá lo pasara. Después de cinco largos años de luchar, la madre de Felipe perdió la batalla contra el cáncer y falleció.

Lo abracé mientras sollozaba, ahora que había llegado al final de un viaje que lo había cambiado todo en su vida, excepto una cosa: su fe. Me miró y me pidió que oficiara el funeral de su madre. Su única petición era que hiciera un llamado al altar después del servicio: "Pastor, tiene que haber un propósito más grande en todo esto. No quiero que sea una razón más para que el resto de mi familia se aleje de Dios todavía más. Ayúdeme a que vuelvan".

Tres noches después, al final de las conmovedoras palabras de Felipe, ocupé mi lugar al frente de la iglesia con toda humildad. Miré ese mar de rostros y pregunté si había alguien presente que necesitara arreglar las cosas con Dios. El padre de Felipe le rodeó los hombros con el brazo y lentamente levantó la mano. Quería rededicar su vida a Cristo. Una por una, fueron apareciendo más manos levantadas. Tuve que aguantarme las lágrimas mientras dirigía a cientos de amigos y familiares de Felipe en la oración de salvación. Al ver la abrumadora respuesta, Felipe me miró y sonrió. Su padre seguía abrazado a él. Luego miró todas esas manos levantadas y sus labios formaron en silencio dos palabras: "Mi milagro".

Este adolescente, este revolucionario, le había puesto un nombre nuevo a su rival. En vez de llamarlo cáncer, lo llamó milagro. Y como resultado, obtuvo la victoria más grande de su vida.

Creo que hoy hay cánceres en tu vida a los que Dios quiere darles un nuevo nombre. Hay un milagro en cada situación, si solo crees como Felipe. Tu propósito se irá revelando a través de esa situación. Dios convertirá eso en tu ministerio, convertirá esa prueba en tu testimonio. Que cada día de tu vida sea impregnado de Su propósito para que el mundo vea cuán grande es Él.

Tú eres un milagro, ¡y cada día es tu oportunidad para mostrarle al mundo que Dios es real!

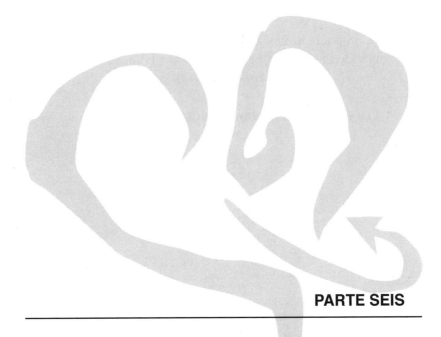

PARTE SEIS

MANTENIENDO
UN CORAZÓN SANO

Complementa esta lectura viendo la sexta parte
del videomensaje especial del pastor Sergio titulado:
Manteniendo un corazón sano

Visita www.sergiodelamora.com/heartrev

21

Un corazón dispuesto

Al bueno y al excelente solo los separa la disposición
a sacrificarse.

—Kareem Abdul-Jabbar, leyenda del baloncesto

Los primeros veinte días de *La revolución del corazón* se han enfocado en ti y en tu relación con Dios. Hemos hablado de la forma en que Dios utiliza tu sufrimiento y tu dolor para despertar en ti la necesidad de Él en tu vida, y has visto que quiere que confíes en Él, que le sigas y creas en Su plan. Ahora volvamos la mirada a otra dirección. Los próximos veinte días se centrarán en el abundante amor de Dios, que fluye desde tu corazón a las personas que te rodean. Debido a que has experimentado auténticamente el amor de Dios, Él te recuerda de dónde vienes —sin condenar ni culpar—para que puedas llevar la *revolución del corazón* a los demás.

Cuando usamos la palabra "corazón", naturalmente pensamos en el aspecto físico y el espiritual a la vez. El paralelo es importante. Porque el corazón que late en nuestro cuerpo está cerca del centro de nuestro pecho y controla el flujo de la sangre que da vida. De la misma manera, el corazón espiritual que busca a Dios lo pone en el centro de nuestros pensamientos, deseos y propósitos. El tamaño del corazón físico es más o menos como el de un puño cerrado. Por otra parte, nuestro corazón espiritual crece y llegará a ser tan grande y fuerte como lo deseemos. No hay límites para su crecimiento.

David fue uno de los líderes más grandes que el mundo haya conocido. Pero además, sabía lo que era vivir dentro y fuera de la voluntad de Dios. Cuando Dios lo escogió de entre sus hermanos para que fuera el próximo rey, se basó en la calidad de su corazón. La Biblia relata que Dios le dijo a Samuel:

"No mires a su apariencia, ni a lo alto de su estatura, porque lo he desechado; pues Dios ve no como el hombre ve, pues el hombre mira la apariencia exterior, pero el SEÑOR mira el corazón." 1 Samuel 16:7 (LBLA)

Tal vez, David no tenía el aspecto de un vencedor. Pero a Dios eso no le importó. Él veía lo que había en el corazón de David.

Una de las cualidades del corazón que más importa y que nos pone en posición para ser usados por Dios es nuestra disposición. El corazón dispuesto le dice a Dios: "Iré a donde me mandes y haré lo que me pidas". Cuando Él sabe que puede confiar en que le diremos que sí, Su favor fluye hacia nosotros y permite que seamos usados para Su gloria. Dios puede usarnos para convertir los corazones de los demás si el nuestro está dispuesto, como vemos en la respuesta del escudero de Jonatán cuando le pidieron que fuera a la guerra contra miles de hombres, solo él y Jonatán. Parecía una misión suicida, pero respondió con corazón dispuesto a hacer lo que se le pidiera.

Dios escogió a David, basándose en su corazón.

Y su escudero le respondió: Haz todo lo que tengas en tu corazón; ve, pues aquí estoy contigo a tu disposición. (1 Samuel 14:7, LBLA)

Su escudero no puso excusas cuando se le pidió que actuara. No se quejó ni presentó argumentos para no hacerlo. Estaba dispuesto a ir donde fuera. Hoy, Dios busca esa misma disposición en nuestros corazones. Quiere ver si estamos dispuestos a hacer lo que tiene en su corazón para nuestras vidas en lugar de que presentemos excusas o razones para no hacer lo que nos pide. Jesús contó la parábola de un hombre que dio un banquete e invitó a muchos. Pero en respuesta a su invitación, recibió solo excusas. Algunos argumentaban no poder asistir por causa de su familia y su matrimonio. Otros estaban demasiado ocupados con sus tierras y sus hogares. Y aun otros presentaron la excusa de su trabajo (Lucas 14:16-24). Hoy, tal vez sintamos la tentación a responder con evasivas similares. Pero el corazón dispuesto avanza hacia donde Dios le llama, incluso aunque no le resulte cómodo o conveniente.

Cuando medito en un corazón dispuesto, pienso en mi esposa Georgina y en mis hijas. Cuando vinimos a San Diego, Georgina no solo empacó sus cosas, su vida, para mudarse a una nueva comunidad, una nueva ciudad y un nuevo hogar. Empacó además las vidas de nuestras tres hijas pequeñas y por si fuera poco, tenía siete meses de embarazo. Las inscribió en escuelas nuevas, las ayudó a despedirse de amigos y familiares, y preparó para ellas un hogar, en una ciudad donde no conocían a nadie. Nunca se quejaron. Ni una sola vez. Nunca presentaron excusas ni razones para no mudarse. Solo dijeron que sí.

Cuando Georgina se despidió de su madre, a quien veía para tomar café todas las mañanas, nunca se quejó. Y cuando mis hijas dejaron a sus mejores amigos y primos, tampoco se quejaron. Nunca le dieron a Dios una sola razón para que las descalificara de ser usadas por Él. En ese momento crucial de sus vidas, la única característica que Dios buscaba no era el talento ni el intelecto, ni los dones, ni la capacidad ni la destreza. Solamente buscaba corazones dispuestos.

Esa disposición de Georgina y nuestras hijas, personifica lo que Dios busca en los que Él usa de manera grandiosa. Mucha gente quiere llegar a su destino sin tener que hacer el viaje. Cuando nos enfocamos en los desafíos y las dificultades que implica obedecer a Dios, en lugar de centrarnos en el camino, es probable que nos perdamos ese momento con Dios en que transforma nuestras vidas. Medita en la siguiente ilustración. Imagínate un viaje de mil quinientos kilómetros, con todo pagado, que se les ofrece a dos familias. Lo único secreto es el destino. Una de las familias se queja del largo recorrido y de todo lo negativo que podría suceder, por lo que deciden no aceptar. La otra familia ve el viaje como una aventura, y acepta.

La segunda familia estará contentísima de haber aceptado, cuando vean las primeras señales del destino al que se dirigen: Disney World. El viaje con Dios siempre nos llevará a un destino mucho mejor del que podamos haber soñado.

En la Biblia, Abraham debió pasar por la misma prueba. Dios le habló de los maravillosos planes que tenía reservados para él, pero lo que requería era un corazón dispuesto.

El Señor le había dicho a Abram: "Deja tu patria y a tus parientes y a la familia de tu padre, y vete a la tierra que yo te mostraré. Haré de ti una gran nación; te bendeciré y te haré famoso, y serás una bendición para otros. Bendeciré a quienes te bendigan y maldeciré a quienes te traten con desprecio. Todas las familias de la tierra serán bendecidas por medio de ti. Entonces Abram partió como el Señor le había ordenado. . . Génesis 12:1-4 (NTV)

Lo que me encanta de la historia de Abraham es que la conversación sucedió ¡cuando el hombre tenía setenta y cinco años! Abraham podría haber presentado excusas, diciéndole a Dios que ya estaba demasiado mayor, cómodo en su hogar, como para salir hacia un destino que desconocía. Pero la Biblia dice que Abraham hizo lo que Dios le mandó. Y como resultado de esa decisión del corazón de ir a donde Dios le enviaba, se conoce a Abraham como padre de muchas naciones. De hecho, el libro de Mateo registra la genealogía de Jesús, empezando por Abraham. Cuando le dices que sí a Dios, ¡no tienes idea de las maravillosas bendiciones que te esperan del otro lado de tu obediencia!

Creo que hay cosas de las que Dios te ha estado hablando, incluso mientras avanzas en la lectura de este libro. Dile que sí al plan de Dios para tu vida, hoy mismo, ¡y di que sí a un futuro mucho más grande de lo que podrías imaginar! Lo único que necesitas es un corazón dispuesto. Tu corazón lo es todo. Es el que te califica para avanzar en tu propósito o el que te hace quedarte inmóvil por una temporada. Fíjate en la historia de Caleb, de quien no oímos demasiado. Pero lo que oímos nos revela la disposición de su corazón. Llegado el momento de guiar al pueblo de Israel a la tierra prometida, Caleb aceptó el desafío y, como resultado, tuvo el privilegio de entrar en su propósito y destino.

> Solamente mi siervo Caleb ha tenido un espíritu diferente y me ha obedecido fielmente. Por eso a él sí lo dejaré entrar en el país que fue a explorar, y sus descendientes se establecerán allí. Números 14:24 (DHH)

Caleb es el clásico ejemplo de alguien que había vivido en la oscuridad. Pero la calidad de su corazón le lanzó a su propósito en el momento justo. Yo lo llamo un "momento Caleb". Es el momento definitivo, en que Dios nos da una visión de cómo podría ser nuestro futuro. Jamás subestimes tus momentos en oscuridad, esos en que no brillas ni te haces conocido. Dios tiene momentos Caleb para tu vida, para impulsarte hacia tu propósito y tu destino. Tu tarea como revolucionario es mantener el corazón sensible a Dios, para que cuando lleguen tus momentos Caleb, ¡estés listo!

En los tiempos del antiguo Israel y Judá, el profeta Janani le dijo al rey Asa:

> Los ojos del Señor recorren toda la tierra para fortalecer a los que tienen el corazón totalmente comprometido con él. ¡Qué necio has sido! ¡De ahora en adelante estarás en guerra! 2 Crónicas 16:9 (NTV)

Hoy los ojos de Dios siguen mirando, aquí y allá, buscando personas con corazones dispuestos. Él quiere usarte para dar vida a sus planes y propósitos. Sea que hayas servido a Dios durante treinta años, o treinta días, continúa calificando tu corazón ante Dios. Lo único que hace falta es que te decidas a transformar tu corazón a Dios cada día. No hay decisión más gratificante, que te dé más poder. No hay decisión más revolucionaria.

Mantén tu corazón sensible y sano ante Dios.

22

La adversidad:
de enemiga a amiga

Para muchos, es la tragedia, la enfermedad o la muerte la que crea una crisis existencial de fe. En momentos así, queremos claridad. Lo que Dios quiere es nuestra confianza.

—Philip Yancey

A lo largo de los años, me han preguntado como pastor, de qué modo puedo conservar mi pasión por Dios. Mi respuesta es "la adversidad", la tensión entre el aliento y la aflicción, me ha mantenido en constante necesidad por más de Dios.

Nuestra reacción natural es escapar de la adversidad. Pero si no podemos hacerlo, buscamos minimizar el dolor, como sea. Ahora, ¿qué pasa si vemos la adversidad como la ve Dios, como materia prima de una gran fe?

Hay muchas personas que ven la adversidad como señal de que uno va por el camino equivocado. Pero ese puede no ser el punto de vista de Dios. Muchas veces, la adversidad es una de las más grandes señales de que vas por el camino correcto. Tu primera reacción tal vez sea defenderte o apartarte de ella. Es completamente normal. Sin embargo, antes de reaccionar, comprende que toda oposición en que estés, puede ser un peldaño más para tu fe. A veces la adversidad es en realidad una prueba de Dios para que aprendas a confiar más en Él. Quiero alentarte a ver la oposición y las pruebas de manera nueva.

La adversidad es la materia prima de una gran fe.

Empieza a ver la adversidad como herramienta en la mano de Dios, para centrar tu mente y tu corazón, como no puede hacerlo ninguna otra cosa. Ve la adversidad con los ojos de Dios, permitiendo que sea tu portal hacia la grandeza.

Cuando trabajaba como jardinero, los cortes o las heridas eran parte de mi tarea. Recuerdo que papá me mandaba a sacar rosales viejos, para reemplazarlos con rosales nuevos. Esos viejos rosales tenían las espinas más feas que haya visto. Cada vez que una de esas largas espinas perforaba el guante, sentía una punzada de dolor que me atravesaba el cuerpo, y al instante lo único en lo que podía pensar era el dolor. Lo mismo pasa en el ámbito emocional y relacional. Cuando pasas por conflictos, desilusiones y tristeza, ya no puedes seguir adelante sin detenerte a reflexionar. El dolor te obliga a detenerte. Quieres saber qué pasó, por qué y cómo impedir que vuelva a suceder.

Pero esta es la diferencia entre la perspectiva de Dios y la nuestra respecto a la adversidad. Él te está desafiando a no ver la adversidad como algo que te sucede a ti, sino como algo que sucede a tu favor. Dios siempre usará la adversidad para que centres tus pensamientos y tu atención en Él, para que puedas ver Su mano y oír Su voz con mayor claridad.

A medida que vayas viviendo esta *revolución del corazón*, tal vez encuentres momentos en que el enemigo prepara toda su artillería para atacarte y sacarte del campo de batalla. Utilizará el engaño, el desaliento, la acusación o incluso una combinación de las tres cosas. Intentará poner piedras en tu camino para que no logres avanzar, para que renuncies. Te acusará de no servir, de ser incompetente para servir a Dios. No te dejes engañar por sus tácticas. Mantén la guardia alta, para proteger tu corazón, y lucha duro y parejo contra sus estrategias. Pablo conocía bien las artimañas del enemigo. ¿Puedes verlo, marchando como un general al mando de sus tropas, cuando pronunció lo siguiente?

> **Dios siempre usará la adversidad para que centres tus pensamientos y tu atención en Él.**

Pónganse toda la armadura de Dios para poder mantenerse firmes contra todas las estrategias del diablo. Pues no luchamos contra enemigos de carne y hueso, sino contra gobernadores malignos y autoridades del mundo invisible, contra fuerzas poderosas de este mundo tenebroso y contra espíritus malignos de los lugares celestiales. Por lo tanto, pónganse todas las piezas de la armadura de Dios para poder resistir al enemigo en el tiempo del mal. Así, después de la batalla, todavía seguirán de pie, firmes. Efesios 6:11-13 (NTV)

En tiempos de adversidad, no estamos solos. Tenemos el poder y la guía de Dios, así como la sabiduría y experiencia de otros que luchan también y han soportado ataques del mismo tipo. Cuando Dios me dijo que diera inicio a la *revolución del corazón*, yo no tenía idea siquiera del impacto que tendría en las vidas de tantas personas. Solo sabía lo que Él me había dicho que hiciera. Pero de esta revolución han salido algunos de los testimonios de fe más poderosos, testimonios de victoria y triunfo que yo jamás había visto ni oído. Y todo comenzó con la decisión de transformar sus corazones.

Ryan venía de una buena familia. Sus padres ocupaban puestos ejecutivos con salarios de seis cifras. Ryan tenía riqueza, prominencia y potencial. Pero también tenía un secreto. Desde su adolescencia, había estado luchando contra la depresión, sin decirle nada a nadie. Ya pasados sus veinte años, sentía la desesperada necesidad de un cambio. Anhelaba salir de debajo de las nubes oscuras que parecían seguirlo a dondequiera, y que adoptaban la forma de ideas negativas, de pensamientos de suicidio que bombardeaban su mente. En medio de la adversidad, Ryan luchó contra la urgencia de huir y ocultarse. Tenía un buen empleo, y casi todos lo veían como un tipo tranquilo. Sin embargo, nadie sabía que por las noches Ryan llegaba a su casa, oscura y vacía, y se sentaba allí en su departamento, solo con sus pensamientos, durante interminables horas sin tener a quien acudir. Ryan era como una bomba de tiempo programada para autodestruirse.

Una compañera de trabajo lo invitó a un servicio que llamamos "Trae un amigo", pero al principio Ryan rechazó la invitación. Sin embargo, como ella insistió durante varias semanas, al fin aceptó. Al terminar el servicio, pregunté si había alguien que necesitara un nuevo comienzo. Ryan levantó la mano enseguida. Por primera vez en su vida sentía un rayito de esperanza. Aferrándose a Dios con todas sus fuerzas, pronto se unió a un grupo de familiar (estudio bíblico) y participó en nuestras clases de convenio, iniciando así el camino que le sacaría de la depresión.

Algunas semanas eran mejores que otras. Pero siguió asistiendo. Cuando Ryan perdió su empleo por cuestiones de recortes salariales, en lugar de escapar, siguió yendo a la iglesia. Y cuando perdió su auto, en vez de renunciar siguió asistiendo a la iglesia aunque fuera en autobús. Nada lo detuvo. Iba semana tras semana. ¿Por qué lo hacía? Ryan afirma: "Cada vez que vengo y hago lo opuesto a lo que hacía antes, gano yo. Cada vez que hago lo que hacía antes, gana la depresión. No voy a permitir que eso pase de nuevo. El día en que transformé mi corazón, decidí no volver a perder". Así, Ryan convirtió a la adversidad, de enemiga a amiga. Solo siguió asistiendo, nada más.

Los que han soportado problemas y dificultades saben que no son inmunes a otros problemas y otras dificultades. Pero como Ryan, en Cristo la adversidad se convirtió como un ladrillo para construir su fe, perseverancia y victoria. Todos pasaremos por la adversidad en algún momento, de alguna forma. Es un ingrediente esencial en el plan de Dios para nuestras vidas. Cuando sucede eso, podemos decidir con el corazón que ya no vamos a perder. Toma esta decisión hoy mismo y comienza a convertir a la adversidad en amiga tuya. De enemiga, pasará a ser tu amiga.

- Haz un compromiso en tu corazón de crecer *a través de* la adversidad y no solo *pasar por* ella.
- Haz un compromiso en tu corazón de confiar en Dios, para que Él use el sufrimiento para purificarte, no para castigarte.
- Haz un compromiso en tu corazón de humillarte ante Dios, en lugar de defenderte.
- Haz un compromiso en tu corazón de esperar pacientemente las respuestas de Dios y su instrucción, en lugar de reaccionar basado en tus emociones.

Tal vez estés atravesando por adversidad hoy. Si es así, haz un compromiso en tu corazón de confiar en Dios, que Él te dará sabiduría, fuerzas y valentía para aceptar la adversidad, en vez de huir de ella. Cuando pienso en las más grandes temporadas de crecimiento, tanto en mi vida como en la de la iglesia, jamás deja de asombrarme que esos momentos casi siempre se vieron precedidos por otros de grandes adversidades. Es casi como si la adversidad fuera un anuncio del cielo, ¡que te avisa que pronto vendrá tu ascenso!

Medita en los momentos de adversidad que has tenido. ¿No es cierto que tu matrimonio se hizo más fuerte como resultado de la adversidad? ¿No es verdad que las relaciones que soportaron la adversidad son las que más valoras?

La adversidad no es tu enemiga. Es tu amiga. Mientras recuerdes eso, jamás perderás otra batalla contra ella.

23

Hábitos del corazón

La motivación es lo que te hace dar el primer paso. El
hábito es lo que te hace seguir andando.

—Jim Rohn, disertante y autor motivacional

Los discípulos de la iglesia primitiva conmocionaban con
sus acciones poco comunes, como sanar a los enfermos
y guiar a miles de personas a Cristo. En su esfuerzo por
suprimir tal influencia, los líderes religiosos los arrestaron y
los pusieron en "la cárcel común" (Hechos 5:12-18, NVI). Hoy
creo que en el corazón de cada uno de nosotros sigue existiendo
la lucha contra esa prisión llamada "común". Hay muchísima
gente que sigue presa allí, ya sea debido a su propia perspectiva
o porque otros han puesto etiquetas en ellos. Sin embargo, al
igual que los discípulos, no eres una persona promedio. No eres
común, eres todo lo contrario.

Tus hábitos, que a menudo se conocen como disciplinas espirituales, son la clave para vivir una vida de revolucionario poco común. Cuando has salido de una vida de adicción y conoces lo que los hábitos negativos pueden hacerle a una persona, ves que a menos que formes hábitos nuevos podrías terminar en el mismo lugar de donde saliste. Cuando decidí entregar mi vida a Cristo, sabía que a menos que cambiara mis hábitos, no iba a sobrevivir. Empecé diciendo una sencilla oración que me ayudó a crear nuevos hábitos en mi corazón: *Señor, dame hambre y deseo por ti y tu Palabra*. Todavía sigo viviendo los frutos de esa oración.

Esa oración produjo en mí una pasión por leer Su Palabra, en cualquier forma que llegara a mis manos. Compraba y tomaba prestados libros para que mi corazón se saturara de la Palabra de Dios. Dejé el hábito de coleccionar discos y memorizar canciones para colectar comentarios bíblicos, y memorizar Escrituras.

El hombre disciplinado siempre gana.

En lugar de desvelarme en las fiestas, ahora me desvelaba estudiando griego y hebreo. Para asombro de mi familia, llené mi habitación de libros en lugar de acumular discos de música. Y lo irónico de todo ese nuevo hábito era que cuando estaba en la escuela primaria, no me destacaba justamente en lectura, debo admitirlo. Creció en mí la pasión de leer y estudiar, y hoy disfruto de sus beneficios. En esos días aprendí que la formación de hábitos saludables para el corazón, como parte de mi estilo de vida, era algo vital para mantener la pasión y el fuego para vivir, dirigir y amar desde el corazón.

En *La vida disciplinada*, Richard Taylor afirma: "El hombre disciplinado siempre gana". En todas las áreas de la vida, sea en los negocios, lo académico, la crianza de los hijos o la vida pastoral, la disciplina es una ventaja que pone la balanza a tu favor. Son las disciplinas personales las que te dan esa ventaja que hace la diferencia, no necesariamente entre la victoria y la derrota, sino entre ser eficaz o mediocre. ¿De dónde viene esa motivación por esforzarte un poco más? De ver con claridad la meta.

Tenemos que saber qué es lo que intentamos lograr, antes de empezar. Tu meta particular puede ser ver que toda tu familia conozca a Cristo, o que tu corazón se renueve con una pasión más fuerte para dirigir, o desarrollar tu potencial como persona, como cónyuge, como padre. Sea cual sea tu meta, necesitarás hábitos saludables del corazón, que te ayuden a llegar a esa meta. Veamos los hábitos que te dan la ventaja para vivir una vida revolucionaria.

Lectura diaria de la Biblia

Leer la Biblia todos los días es un hábito que, como revolucionarios, necesitamos fomentar en nosotros mismos. La Biblia es la Palabra de Dios para tu andar diario. Y cuando pasas tiempo con ella, recibes las herramientas necesarias para conocer Su guia para cada situación. En los últimos cinco años nuestra congregación ha leído colectivamente la *Biblia en un año*. Dios nos ha hablado congruentemente, como personas y como iglesia, a lo largo de esas lecturas. Ese plan de lectura incluye cada día una porción del Antiguo Testamento, del Nuevo, así como de los Salmos y Proverbios.

Tal vez ya hayas intentado leer la Biblia pero renunciaste porque te costaba entenderla. Te animo a que vuelvas a intentarlo. Toma la *Biblia en un año* e inicia tu propio plan de lectura. Porque leer la Palabra de Dios todos los días te da su poder, Su verdad y Su revelación para tu vida.

Pues la palabra de Dios es viva y poderosa. Es más cortante que cualquier espada de dos filos; penetra entre el alma y el espíritu, entre la articulación y la médula del hueso. Deja al descubierto nuestros pensamientos y deseos más íntimos. Hebreos 4:12 (NTV)

Hay una diferencia entre leer la Biblia y dejar que ella te lea a ti. Comienza a leer tu Biblia cada día y empieza a ver el poder vivo de Su Palabra activarse en tu vida. La Biblia no es solo un libro. La Biblia está viva y penetra en cada una de las áreas de tu vida, de modo que los pensamientos de Dios se vuelven tuyos, y Sus deseos serán los tuyos también.

La oración diaria

No hay diferencia entre conectarnos con Dios y hacerlo con alguien más. La oración es tu línea directa con Dios. Y el tiempo que pasas en oración no es solo para hablarle a Él, sino también para escucharlo. Al orar, permanece un rato en silencio y escucha. Siempre existe la tentación de caer en esa práctica monótona de hacer de la oración solo una lista de cosas que necesitas de Él. En una de sus enseñanzas a los discípulos, Jesús les dio un modelo de cómo orar:

> Vosotros, pues, orad de esta manera: "Padre nuestro que estás en los cielos, santificado sea tu nombre. Venga tu reino. Hágase tu voluntad, así en la tierra como en el cielo. Danos hoy el pan nuestro de cada día. Y perdónanos nuestras deudas, como también nosotros hemos perdonado a nuestros deudores. Y no nos metas en tentación, mas líbranos del mal. Porque tuyo es el reino y el poder y la gloria para siempre jamás. Amén." Mateo 6:9-13 (LBLA)

Cuando ores, comienza por recordar que Dios no es un ser distante a quien no le interesan las cosas. Él es tu Padre que está en los cielos. Dile lo maravilloso, magnificente y santo que es Su nombre. Y pídele que haga Su voluntad en tu vida y que establezca su reino en ti. Luego, pídele Su provisión, Su perdón y Su protección y, por último, declara Su dominio y Su poder, lo cual pone Su sello de autoridad en tus palabras.

¡Tus oraciones son poderosas! Que no sean algo que haces de vez en cuando. Dios tiene mucho que decirnos todos los días. Solo tenemos que escuchar.

La confesión

Confesarte ante Dios no tiene que ver con recitar una lista de cosas malas que hiciste. Es una invitación a sostener una auténtica relación con Él, más que ser penitentes únicamente. *Confesar* significa, literalmente, "reconocer". A través de la sincera confesión diaria, reconoces que cometiste errores, y que Cristo te ha perdonado, por lo que necesitas tomar decisiones mejores la próxima vez. Es un convenio con Dios, invitándolo a examinar tu corazón día tras día, respondiendo con fe en lo que Él te muestre. Dios ya sabe cuándo te desviaste y te apartaste de Su plan. Solo quiere saber si acudirás a Él y si aceptarás Su perdón. Lo más poderoso es el hecho de que en tu confesión no estás solo. La Biblia nos dice que Jesús es el que obra a favor de nosotros, mediando, intercediendo y reconciliándonos de nuevo con Dios:

> Pues hay sólo un Dios y sólo un Mediador que puede reconciliar a la humanidad con Dios, y es el hombre, Cristo Jesús.
> 1 Timoteo 2:5 (NTV)

Aprender a confesarnos es un hábito importante que mantiene tu corazón sano, pleno y puro.

El ayuno

El objetivo del ayuno no es hacerte sufrir, sino purificar tu mente, tu corazón y tu cuerpo de modo que puedas acercarte más a Dios. Algunos piensan que el ayuno solo es para los "supercristianos". Pero no es así. Cualquier persona puede ayunar, absteniéndose de comer, para pasar tiempo en oración por una necesidad en particular, o por un día para entrar más profundamente en el corazón de Dios, o por más tiempo para buscar la instrucción divina para tu vida. No tiene que ver qué tan largo es tu ayuno, sino con mantener una conexión con Dios, desde el corazón. Jesús sabía que los líderes religiosos de Su época usaban el ayuno para impresionar al pueblo. Por eso les advirtió a las multitudes:

> "Cuando ustedes ayunen, no pongan cara triste, como los hipócritas, que aparentan tristeza para que la gente vea que

están ayunando. Les aseguro que con eso ya tienen su premio. Tú, cuando ayunes, lávate la cara y arréglate bien, para que la gente no note que estás ayunando. Solamente lo notará tu Padre, que está en lo oculto, y tu Padre que ve en lo oculto te dará tu recompensa". Mateo 6:16-18 (DHH)

El ayuno es una de las maneras más rápidas de acercarnos a Dios. Pídele que agrande tu corazón hoy y empieza a incluir el ayuno como parte de un régimen saludable para tu corazón.

El servicio

Cuando más nos acercamos a Dios, tanto más nos comparte Su corazón por la gente. Cuando te conectas con Dios y experimentas Su bondad y Su gracia, Él empieza a usarte para ayudar a los demás. Te involucra en las vidas de los demás y hace que reflejes la forma en que Él revolucionó tu corazón. Ayudar y servir a los demás, retroalimenta la gracia en tu vida. La *revolución del corazón* siempre tiene por objetivo que tu corazón cambie para que derrames —en las vidas de los que te rodean— lo que todavía no han podido experimentar: el poder de un corazón transformado. Como revolucionario, ahora puedes vivir para dar y amar el dar. Si te creas el hábito de servir a los demás, dentro de tu círculo de influencia, en tu iglesia local y en la comunidad, por tus venas espirituales siempre fluirán la vida, el propósito y el impulso por servir más.

Toda nueva destreza requiere tiempo y práctica, hasta que termina formando parte de nuestras acciones naturales. Pero cuando se convierte en hábito, ya no necesitas esforzarte. Eventualmente ves los beneficios y no puedes imaginarte que hubo un tiempo que no hacías esas cosas. Si jamás buscaste el poder de las disciplinas espirituales, comienza hoy, estés donde estés. Los hábitos del corazón se convierten en hábitos de tu carácter.

No es por obligación o deber que estos hábitos se vuelven parte de tu vida cotidiana. Es por la revolución que se ha iniciado y que continúa en tu corazón. ¡Eso es ser genuino! ¡Te aliento a que lo hagas!

24

Madurando en lo espiritual

> La madurez espiritual está marcada por el conoci-
> miento espiritual puesto en acción.
>
> —Edward Bedore

Como padre, he visto cambiar y madurar a mis hijas, y redescubrirse a medida que pasaban por las diversas etapas de su desarrollo. No consiento a mi hija que está en la primaria, ni le ofrezco ayuda a mi hija mayor en sus tareas de la universidad. Porque eso presentaría obstáculos para su crecimiento. Cada una de mis hijas está en una posición diferente, en términos espirituales y en cuanto a su desarrollo. Como padre, tengo la responsabilidad de conocerlas y entenderlas a cada una, en su progreso, para que nuestros corazones sigan conectados. Me sorprendería y preocuparía que una de mis adolescentes actuara como una niña de un año.

De la misma manera, tu Padre celestial entiende con claridad que estás en proceso de crecimiento espiritual y, como todo buen padre, te aplaude y te anima a cada paso que das hacia la madurez. Dios espera que cada uno de nosotros crezca, se haga fuerte y tome su lugar, como revolucionario que va desarrollándose y madurando en Él.

Los pensadores y académicos cristianos han identificado las etapas del crecimiento espiritual de diversas formas. Las Escrituras parecen hacerlo de la manera más sencilla: infancia, adolescencia y adultez. El problema del estancamiento espiritual que se daba en la iglesia primitiva muchas veces sigue siendo el que vemos hoy. Hay muchos que jamás pasan de la infancia espiritual. La iglesia de Corinto estaba llena de gente que había empezado bien, pero que en algún punto del camino se había estancado. En su primera carta a esas personas, después de haber dejado Corinto, Pablo les presentó el desafío de mirar con toda sinceridad el lugar en que estaban en términos espirituales:

> Amados hermanos, cuando estuve con ustedes, no pude hablarles como lo haría con personas espirituales. Tuve que hablarles como si pertenecieran a este mundo o como si fueran niños en la vida cristiana. Tuve que alimentarlos con leche, no con alimento sólido, porque no estaban preparados para algo más sustancioso. Y aún no estaban preparados, porque todavía están bajo el control de su naturaleza pecaminosa. Tienen celos unos de otros y se pelean entre sí. ¿Acaso eso no demuestra que los controla su naturaleza pecaminosa? ¿No viven como la gente del mundo? 1 Corintios 3:1-3 (NTV)

Es perfecto y normal que un bebé se contente con leche, pero al fin será destetado y empezará a comer alimento sólido. A medida que avanza su desarrollo, es necesario y vital que el niño quiera algo más que la leche. De la misma manera, a medida que creces y te desarrollas, tus necesidades cambiarán. Naturalmente empezarás a tener hambre de mayor revelación y de verdades, porque tu imagen de Dios y tu entendimiento de Él crecen también.

A lo largo de tu vida, Dios permitirá que pases por pruebas, para ver si ha llegado el momento de pasar al siguiente nivel de responsabilidad y autoridad. Te da tareas pequeñas para ver si confías en Él y das lo mejor de ti. Y si lo haces, te da algo más grande. El principio se nos presenta en varios pasajes, pero hay uno en particular que se destaca:

> El que es fiel en lo muy poco, es fiel también en lo mucho; y el que es injusto en lo muy poco, también es injusto en lo mucho. Lucas 16:10 (LBLA)

Al confiar en Dios en cada punto de tu desarrollo, Él va cambiando tus motivaciones, deseos, relaciones y acciones. Gradualmente, vas asumiendo más del corazón de Cristo. Te importan las cosas que le interesan a Él, y lo que le rompe el corazón, también quebranta el tuyo. Cuando el Espíritu Santo te señale las cosas de tu vida que le desagradan, ya no te encogerás de hombros con indiferencia. Pero tampoco vas a castigarte porque hayas cometido un error. Es que agradeces más que nunca entonces el hecho de que Cristo pagó por tus pecados, y es más grande que nunca tu decisión de hacer que tu vida valga para Él. Lentamente, así como el niño va creciendo y madurando, tu vida va caracterizándose cada vez más por lo que es la vida del Espíritu. Vas llenándote de más amor, más gozo, más paz, más paciencia, más benignidad, más bondad, y menos descontrol de tus emociones y acciones (Gálatas 5:22-23). Eso es lo que significa "parecernos más a Cristo".

¿Por qué es que muchos cristianos quedan estancados en la etapa de la infancia? Yo lo llamo "síndrome de niño consentido", y es la condición del corazón que dice que si conoces bien el juego, puedes evitarte el esfuerzo de crecer y hacerte responsable. Es la mentalidad que te permite disfrutar de todos los beneficios de dejar que otros te carguen sin tener que aprender a caminar. Pero no es así como Dios quiere que vivas. El estilo de vida de la *revolución del corazón* no es la autoindulgencia. Es, más bien, el de renunciar a tu vida para ganar la de Él.

Cuando sientes la tentación de jugarle una trampa al sistema y saltarte los pasos del crecimiento espiritual, date cuenta que el síndrome de niño consentido está tratando de marginar ese proceso de maduración que Dios ha puesto en tu ADN espiritual. No hay atajos en la madurez espiritual, así como tampoco los hay para el desarrollo personal en todas las demás áreas de la vida. Cuando estás dispuesto a hacer lo que haya que hacer, te conviertes en lo que necesitas ser con tal de alcanzar el éxito en cada etapa.

El "síndrome de niño consentido": evitar el esfuerzo de crecer y hacerte responsable.

Al pasar de la infancia espiritual a la adolescencia, Dios poda las áreas que ya no necesitamos. Jesús comparó esto con la poda de la viña:

Yo soy la vid verdadera, y mi Padre es el labrador. Él corta de mí toda rama que no produce fruto y poda las ramas que sí dan fruto, para que den aún más. Juan 15:1-2 (NTV)

Cuando crecemos, Dios poda las áreas que ya no necesitamos.

Después de la temporada de crecimiento, los jardineros podan las viñas de manera drástica. Durante un tiempo, parecen solo pequeños bultos, que alcanzan la altura de la rodilla de uno. Pero en la primavera surgen los nuevos brotes y son más productivas las viñas de lo que fueron el año anterior.

¿Cómo quedas cuando Dios te poda? Al dedicarte a honrar a Dios y edificar Su reino, Él te usa para producir fruto: salvando a otros y ayudando a los jóvenes creyentes a crecer en su fe. Cuando de repente, como de la nada, empiezas a sentir que te cortan tus ramas espirituales. Las acciones que antes daban fruto ahora no producen y tu primera reacción es pensar que esto sucede porque has cometido un error. Pero en la temporada de la poda, no es tu pecado lo que causa el problema. Es, más bien, tu fruto. Dios te está llevando por el proceso del cambio, para moldearte y hacerte más fructífero en la temporada siguiente. Si malinterpretas lo que está haciendo, estarás tentado a enojarte con Dios, contigo mismo y con los demás. Lo que percibes como algo malo, de hecho es para tu beneficio.

La poda nunca es agradable, pero es necesaria. Como dueño de un negocio de jardinería, muchas veces podaba los árboles de mis clientes en los meses de invierno. Y, en ocasiones, cuando había terminado de podar las plantas y los árboles, o incluso mientras lo hacía, venían a quejarse porque te los estaba cortando demasiado. "No los podo para que se vean bien ahora. Estoy pensando en lo que va a pasar en la primavera y el verano.

Conforme crecemos, Dios poda las áreas de nuestra vida que ya no necesitamos.

Los corto para que se vean de lo mejor, durante la temporada de mayor crecimiento", les explicaba. También decía que podaba las ramas atravesadas de los árboles para que crecieran con más fuerza y tuvieran una forma más bella. Así que podaba con propósito y visión.

De la misma manera, Dios nunca nos poda sin ton ni son. Él usa Su perfecta habilidad para cortar esas partes de tu vida que no son eficaces ni fructíferas. Por un tiempo, tal vez te veas como si te hubiera despojado de algo, pero cuando pases por otras temporadas de crecimiento, estarás más fuerte y darás más fruto que nunca. Si estás creciendo, cuenta con que Dios te hará pasar por temporadas de poda. Ellas forman parte de Su gran plan, el que diseñó para tu vida.

Las temporadas de poda suelen suceder en los momentos de transición, entre una etapa y la siguiente. Si interpretas correctamente estos momentos como algo beneficioso, seguirás creciendo en Él. Pero si te resistes a estos momentos de cambio y te das por vencido, verás impedido tu crecimiento y te quedarás en esa etapa del desarrollo, sin avanzar hasta que obtengas una nueva percepción acerca de lo que sucede y puedas pasar la prueba. Nunca olvidaré la temporada por la que pasó nuestra congregación hace unos años. No teníamos edificio propio, por lo que nos veíamos obligados a cambiar nuestro servicio de entre semana de un lugar a otro. Era como si nuestra iglesia hubiese llegado a un lugar donde dejó de crecer; para mí, como pastor, fue una etapa dolorosa. Me preguntaba muchas veces si lo que hacía en ese entonces realmente había hecho alguna diferencia en las vidas de las personas.

Al final de un servicio en miércoles, el Espíritu Santo me llevó a hablar con Greg, un joven de catorce años, que claramente parecía estar dispuesto a darse por vencido. Greg me dijo que había perdido su pasión por Dios y que no sabía cómo recuperarla. Había estado muy involucrado en nuestro ministerio para jóvenes varios años, pero creía que su temporada ministerial había llegado a su fin. Apoyé mis manos sobre sus hombros, lo miré a los ojos y le dije: "Greg, Dios no se ha olvidado de ti. ¡Estás destinado a más que esto! Dentro de ti hay un pastor. Confía en lo que te digo: la frustración de hoy no es tu destino final". Recuerdo haberle dicho: "Dios tiene grandes planes para ti. ¡No dejes de crecer!". Me miró como si no hubiera nadie más en el salón. Esa conversación cambió su vida. No renunció. Hizo exactamente lo que Dios le decía que hiciera: siguió creciendo. Hoy, está activo dando testimonio a otros jóvenes de nuestra iglesia, del mismo mensaje de esperanza y sanidad que causó que su corazón fuera revolucionado. Si hubiera dejado de crecer en su relación con Cristo, faltaría una pieza vital en nuestro ministerio de jóvenes.

A veces, cuando las personas pasan por temporadas de poda, suponen erróneamente que pueden resolver el problema cambiando de esposa o esposo, de empleo, de ciudad o de iglesia. Cuando uno hace algunos o varios de estos cambios, quizá sienta alivio al

¡Dios tiene grandes planes para ti! ¡No dejes de crecer!

principio pero pronto empiezan a salir a la superficie los viejos patrones de inmadurez. Es importante reconocer que no podremos avanzar hasta que pasemos por la temporada de pruebas y poda.

Si sientes que estás estancado en alguna área de tu vida, da un paso adelante en lo espiritual y empieza a avanzar, aunque sea con pasitos pequeños, hacia el próximo nivel. Ya no permitas que tu corazón permanezca estancado en el mismo lugar.

LA REALIDAD, ANTE TODO

Complementa esta lectura viendo la séptima parte
del videomensaje especial del pastor Sergio titulado:
La realidad, ante todo

Visita **www.sergiodelamora.com/heartrev**

25

El dinero: ¿quién lo controla?

Si quieres sentir que eres rico, cuenta todas las cosas
que tienes que el dinero no puede comprar.

—Anónimo

En muchas familias, el área que mayores conflictos produce es el de quién controla la billetera. La lucha por el
poder, por el control de la chequera y —más a menudo— de las tarjetas de crédito, puede tener un enorme impacto
en la relación de la pareja.

Cuando hablo del dinero a las parejas, les pregunto: "¿Quién
está a cargo del presupuesto de la familia? ¿Es el hombre, el jefe
de la familia? ¿O la esposa, quien es el cuello que dirige hacia
dónde mira la cabeza? ¿Es el que tiene mejor historial de crédito, el que encuentra los mejores precios, el que ahorra para los
momentos difíciles o el que cumple con el pago puntual de las
cuentas?".

En las relaciones, los opuestos se atraen pero, después de un tiempo, esos opuestos empiezan a atacarse. El conflicto más encendido siempre tiene que ver con el manejo del dinero. A veces hay uno que ahorra y otro que gasta. O uno que quiere pagar las cuentas puntualmente, mientras el otro dice: "Oh, ya lo pagaremos. Ahora necesitamos el dinero para otra cosa". Así empiezan a hacer erupción los argumentos. La pelea se empeora cuando uno de los dos esconde el dinero y el otro miente en cuanto a cómo lo gasta. El problema se agrava.

Nuestros destinos, en lo personal y lo familiar, tienen relación directa con la forma en que manejamos el dinero. Cuando le das a Dios el control de tu dinero, ya no te preocupa quién controlará o dirigirá el destino de la familia. ¿Cómo empiezas a cambiar la forma en que se maneja el dinero en el matrimonio? Aprendiendo a conocer la perspectiva de Dios en cuanto al dinero, algo central en esta *revolución del corazón*.

La perspectiva de Dios en cuanto al dinero es central en esta *revolución del corazón*.

• **Dios es el dueño de todo**

Como creador de todo, Dios es dueño de todo lo que hay en el planeta. En el Antiguo Testamento, cuando los ingresos provenían de la agricultura y la ganadería, Dios expresó:

Porque mío es todo animal del bosque, y el ganado sobre mil colinas. Salmo 50:10 (LBLA)

Tal vez, pensemos que los autos que conducimos son nuestros, que la ropa que llevamos puesta nos pertenece, o que los muebles que usamos en casa son nuestros. Pero no es así. Todo es de Dios. Cuando reconocemos la fuente de nuestros recursos, que es Cristo, ya no batallamos con el principio bíblico de diezmar. Porque el diezmo es darle de vuelta a Dios el diez por ciento de nuestros ingresos como evidencia de que reconocemos que Él es el dueño de todo lo que hay en la vida. Dios no quiere el noventa por ciento, sino el diez solamente. El diezmo es nuestra forma de declarar al mundo: "Dios, y nadie más, es el que controla mis finanzas". Y cuando das el diezmo, tu dinero está más seguro que nunca. La inversión mejor protegida. La primera pregunta que hago cuando un matrimonio tiene problemas económicos es esta: "¿Dan el diezmo con fidelidad?". Solo con el diezmo tienes garantía de retorno (Malaquías 3:10). Y ese retorno se derrama con sobreabundancia en todas las áreas de tu vida. Pon a prueba a Dios en esto y espera ver cómo cambia tu situación económica.

El diezmo es el primer principio que tiene que ser innegociable si queremos una revolución en nuestras finanzas.

- **Nuestros ingresos provienen de Dios**

Sí, entiendo el argumento de muchos: "Claro, pero soy yo quien produce el cheque a fin de mes. Yo soy quien se levanta temprano cada día para ir a trabajar". Ahora, ¿quién te ha dado la capacidad, el talento, el cerebro, las oportunidades? La Biblia nos dice con claridad que nuestra capacidad y poder para tener riquezas, tiene su origen en Aquel que es el dueño de todo:

> Todo esto lo hizo para que nunca se te ocurriera pensar: "He conseguido toda esta riqueza con mis propias fuerzas y energías". Acuérdate del SEÑOR tu Dios. Él es quien te da las fuerzas para obtener riquezas, a fin de cumplir el pacto que les confirmó a tus antepasados mediante un juramento. Deuteronomio 8:17-18 (NTV)

Es *Dios* quien nos da el ingenio, la capacidad y el poder para crear riqueza. Pero tenemos que darnos cuenta de que todas las cosas buenas, incluyendo nuestra capacidad para ganarnos la vida, vienen de Su mano.

- **Dios nos hizo administradores, y no dueños, del dinero y de las posesiones**

Al reconocer que todo lo que tenemos no es más que un préstamo de Dios, empezamos a ver que Él nos considera fieles administradores de sus posesiones. Nuestra tarea como siervos Suyos siempre consiste en preguntar: "¿Cómo quiere Dios que use mi dinero?". Hazte esta simple pregunta para que te ayude a distinguir entre lo que son las "necesidades" y lo que son las "cosas que deseas".

- **La forma en que manejamos el dinero es un reflejo de nuestros corazones**

    ¿En qué piensas durante el día? ¿Qué es lo que no te permite dormir por las noches? Lo que llena tu mente es lo que ha captado tu corazón. Jesús nos advierte:

    "No acumulen para sí tesoros en la tierra . . . Más bien, acumulen para sí tesoros en el cielo, donde ni la polilla ni el óxido carcomen, ni los ladrones se meten a robar. Porque donde esté tu tesoro, allí estará también tu corazón. Mateo 6:19-21 (NVI)

    Mucha gente pasa numerosas horas tratando de calcular cómo ganar más dinero, o soñando en cómo lo gastarán, o preocupándose porque les llamarán para cobrarles aquello en lo que gastaron demasiado.

    Si el dinero es lo que nos consume el corazón, o las posesiones, o las deudas, es que atesoramos riqueza en la tierra. Pero cuando nuestro corazón es consumido por Dios y por los que ha puesto en nuestras vidas para que nos ocupemos de servirles, lo que tenemos durará para siempre.

- **Las prioridades económicas**

    Si vamos a ser buenos administradores de lo que Dios nos dio, necesitamos contar con un plan para el dinero que nos confía. Después de darle a Dios Su diez por ciento, dale a tu futuro también un diez por ciento, apartándolo en una cuenta de ahorros que no tocarás. Haz del ahorro un valor central para tu familia. Luego, empieza a pagar las cuentas de la hipoteca, la renta, los alimentos y los servicios.

Con frecuencia el problema está en qué prioridades tenemos. Pero si continuamente planificamos y revisamos nuestros hábitos de consumo, trae responsabilidad y beneficio mutuo al matrimonio. Estos dos elementos traen unidad y acuerdo, lo que a su vez, atrae la presencia y las bendiciones de Dios. Quizá nunca se te haya ocurrido aplicar este principio básico al uso cuidadoso de las finanzas en tu matrimonio. Quiero recordarte lo que dijo Jesús sobre el poder del acuerdo:

[Jesús dijo] "Además les digo que si dos de ustedes en la tierra se ponen de acuerdo sobre cualquier cosa que pidan, les será concedida por mi Padre que está en el cielo. Porque donde dos o tres se reúnen en mi nombre, allí estoy yo en medio de ellos". Mateo 18:19-20 (NVI)

Cuando las personas desarrollan las sabias disciplinas del ahorro, del gasto, de la inversión y de la donación, sucede algo asombroso en sus corazones. Porque saben que están obedeciendo a Dios, y por eso, se sienten más cerca de Él. Tienen mayor confianza en ellos mismos, en sus cónyuges y en su futuro. El diezmo ya no es un peso ni una obligación, sino una forma de expresar gratitud a Dios y trabajar con Él para cambiar las vidas de las personas. Los niveles de estrés, antes fuera de control a causa de las deudas y los gastos en exceso, ahora se ven aliviados; por lo que toda la familia puede disfrutar de una sensación de paz.

La paz financiera era un concepto que, para una de las mujeres de nuestra iglesia, era algo fácil de entender. Casada por muchos años con un hombre que le había dado riqueza y seguridad, Ellen tenía libertad para gastar el dinero que él le daba como mejor le viniera en gana. Era él quien controlaba el dinero, pero para ella eso no representaba un problema ya que su esposo se ocupaba de las cuentas, la hipoteca, los ahorros y de todo lo económico. Jamás tenía que preocuparse por cómo se pagaban las cosas, ni por los vencimientos, y durante treinta y un años vivió en paz. Tenía los autos, las casas, las joyas, la ropa, todo lo que pudiera querer en su corazón. Pero llegó el día en que todo cambió. Esa mañana, Ellen despidió a su esposo con un beso, sin saber que sería el último día de la vida como lo conocía. Cerca del atardecer, recibió una llamada: habían arrestado a su esposo. Después de unas horas, se enteró de que el hombre había estado viviendo una doble vida. Fue devastador para ella ir conociendo partes de la historia de un hombre al que creía conocer, en especial porque durante todos los años que habían pasado juntos, las cosas siempre habían ido de lo mejor. Sin embargo, aquí estaba ella ahora, sacudida por la peor noticia de su vida.

De repente, se le hizo dolorosamente evidente el hecho de que no tenía idea de cómo manejar las cuentas de la casa, el pago del agua, el gas, la electricidad, el auto, los seguros. Ni siquiera sabía cuál era el número de la cuenta bancaria. Tenía treinta días para empacar más de tres décadas de "cosas" y dejar la casa. No tenía estudios, ni profesión ni experiencia laboral de que depender. En un día, Ellen lo perdió todo, literalmente todo.

Fue un tiempo terrible para ella, pero jamás dejó de aferrarse a Dios ni a Su plan. Siguió conectada conmigo y con mi esposa como pastores, y con otros líderes de la iglesia. Permaneció fiel a su ministerio y a su andar con Dios. Por terribles y abrumadoras que fueran las circunstancias, se negó a permitir que la desconectaran de lo que Dios había empezado a hacer en su vida. Siguió dando el diezmo, aun sin tener empleo ni dinero, porque sabía que las únicas manos en las que podía confiar su economía eran las de Dios.

Jamás dejó de aferrarse a Dios ni a su plan.

Así empezaron a llegar las numerosas cartas de sus acreedores. Temía la llegada del cartero porque sabía que traería cuentas que no podría pagar. El peor sobre era el aviso mensual del departamento de recaudación de impuestos (IRS) con la aterradora suma de casi medio millón de dólares en impuestos atrasados desde 1983. Sintió que la bombardeaban la preocupación y el miedo. Nunca iba a poder pagar esa cantidad. Y todas las noches oraba: "Por favor, Dios, líbrame de esta deuda".

En diciembre del 2006, declaré la palabra que Dios me había dado para el nuevo año: 2007 sería el año del cielo abierto. Creeríamos que Dios iba a derramar sobre nosotros un diluvio del cielo. Sin que Ellen lo supiera, a días de que yo dijera esa palabra, la agencia del IRS firmaba una carta que la liberaba del pago de casi medio millón de dólares. El encabezado de la carta decía: "Certificado de liberación". Aunque hoy no tiene la riqueza terrenal de antes, tiene la paz y la libertad que el dinero jamás podría comprar.

Jesús habló más del dinero que de cualquier otra cosa cuando estaba en la tierra. ¿Tenía obsesión por él? De ninguna manera. Sabía del poder del dinero para hablarle a nuestros deseos más profundos y cautivar nuestros corazones. Sabía que el amor al dinero trae consigo todo tipo de problemas.

Dale a Dios el control de tu dinero y decide que buscarás la justicia, la santidad, la fidelidad, el amor, la paciencia y la benignidad (1 Timoteo 6:10-11). ¡Verás cómo revoluciona tu matrimonio y tu hogar!

26

El sexo: amor o lujuria

No es el sexo lo que da el placer, sino el amante.

—Marge Piercy, poeta estadounidense

Vivimos en una cultura saturada de sexo. Mucha gente, y no solo los hombres, viven hora tras hora pensando acerca de encuentros sexuales. Sin embargo, hay diferencias entre cómo lo ven los hombres y las mujeres. Ambos podrán tener fantasías pero, en general, el hombre busca el placer y la pasión física, en tanto la mujer busca el romance, ese sentimiento de pertenecer a alguien. Son pocos los que se detienen a pensar en la perspectiva divina respecto a este impulso tan potente.

El conocido autor y disertante Josh McDowell afirmó: "El órgano sexual más importante que Dios creó es tu mente, no tu cuerpo. Es el control de tu mente lo que muestra tu madurez.

El poder manejar y controlar tus deseos sexuales habla mucho más de tu voluntad que todo lo que puedas buscar para demostrarlo, al dejar que esos deseos se expresen sin reservas. Hace falta valentía para proteger el sexo como si fuera un valioso diamante".[6]

Uno de los privilegios de ser pastor es que tengo oportunidad de hablarles a los corazones y las vidas de cientos de hombres durante nuestras reuniones mensuales. Durante una de nuestras sesiones de preguntas y respuestas, un hombre levantó la mano y preguntó algo que representaba el interrogante de todos los caballeros presentes. Dijo: "Pastor, siempre me pregunto, ¿cuál es la diferencia entre el amor y la lujuria?".

¿Cuál es la diferencia entre el amor y la lujuria?

"Buena pregunta", dije. "La diferencia es que el amor da y la lujuria roba".

Veamos algunas importantes diferencias entre las dos cosas.

• **La lujuria tiene que ver con la gratificación de los propios deseos. El amor se deleita en agradar a la otra persona.**
Cuando en un matrimonio es la lujuria la que manda, la otra persona muchas veces se siente degradada. Pero con el amor, siempre hay honra. Los pensamientos lujuriosos se centran en las conquistas sexuales, en tener poder sobre los demás, para nuestro propio placer. Nuestras fantasías retratan a las mujeres más bellas, los hombres más apuestos, y nosotros somos las estrellas en esas imaginaciones sexuales. El enfoque siempre está en nosotros. Pero el amor promueve una vida activa de pensamientos que no tienen el elemento del deseo egoísta.

El amor disfruta al agradar al otro, por su bien. Algunas personas perciben la lujuria como pasión, y el amor como algo desabrido y aburrido. Pero no tiene por qué ser de esa manera. La expresión sexual entre un esposo y su esposa debiera hacer surgir la más profunda pasión entre ambos, inspirándoles a ser maravillosamente creativos al hacer el amor. El Cantar de Cantares, en la Biblia, muestra que Dios consideró a la intimidad sexual como uno de los aspectos más gratificantes y satisfactorios del matrimonio.

- **La lujuria solo escucha a quienes nos dicen lo que queremos oír. El amor escucha el consejo y la corrección divina.**
Los que están atrapados en la trampa de la lujuria suelen esforzarse por mantener oculta su adicción. No quieren que nadie les señale que deben cambiar. De hecho, muchas veces prefieren estar con gente que les ayude a sentir que la lujuria es algo perfectamente normal. El amor, por otra parte, permanece receptivo a las sugerencias, las correcciones y el consejo que llevan a hacer de la relación mucho más que un acto sexual, algo tan precioso y con tanto sentido y significado como sea posible. Salomón nos dice:

> Los justos dan buenos consejos a sus amigos, los perversos los llevan por mal camino. Proverbios 12:26 (NTV)

Cuando escuchamos lo que le agrada a nuestro cónyuge, podemos responder de manera que le brinde maravillosa satisfacción y plenitud. Es esta potente combinación lo que aumenta la pasión y el deseo en el lecho matrimonial.

- **Con la lujuria, fingimos ser lo que no somos. Cuando estamos enamorados, somos sinceros respecto a lo que somos.**
La esencia de la lujuria es lo fingido. Piensa en todas las conversaciones que se dan en bares y clubes, solo para conseguir meterse en la cama de alguien. Hay desesperación por impresionar a la persona con tal de conseguir lo que uno quiere, aunque tenga que mentir para obtenerlo. Sin embargo, los que están comprometidos por amor, son sinceros consigo mismos, con Dios y con sus cónyuges. La sinceridad, a corto plazo, puede no parecernos cómoda; pero el amor siempre se basa en la verdad, la intimidad y la sinceridad, no en lo que aparentemos.

Pablo nos exhorta:

No finjan amar a los demás; ámenlos de verdad. . . Ámense unos a otros con un afecto genuino. Romanos 12:9-10 (NTV)

Antes de que pecaran Adán y Eva, lo único que conocían era el amor que se tenían uno al otro. Jamás habían sentido vergüenza o culpa, así que no tenían necesidad de ocultarse de Dios, ni uno del otro. La Biblia dice que cuando pecaron, tomaron conciencia de su desnudez y se cubrieron.

En ese momento se les abrieron los ojos, y tomaron conciencia de su desnudez. Por eso, para cubrirse entretejieron hojas de higuera. Cuando el día comenzó a refrescar, oyeron el hombre y la mujer que Dios andaba recorriendo el jardín; entonces corrieron a esconderse entre los árboles, para que Dios no los viera. Pero Dios el SEÑOR llamó al hombre y le dijo: —¿Dónde estás? El hombre contestó: —Escuché que andabas por el jardín, y tuve miedo porque estoy desnudo. Por eso me escondí. Génesis 3:7-10 (NVI)

Cuando caemos en la lujuria, queremos hacer lo mismo que Adán y Eva: cubrirla. Sin embargo, eso no soluciona nada. Solo crea la ilusión de que todo está bien. Pero la ilusión se derrumbará. Lo auténtico es el fundamento sobre el que se puede construir un matrimonio fuerte a lo largo de los años.

• **La lujuria exige gratificación física. El amor jamás obliga al sexo. Porque puede esperar, por amor al otro.**
Cuanto más cerca llegan al éxtasis los lujuriosos, más satisfacción van a exigir. Sus hormonas y el poder sobrepasan el respeto y la honra. El amor, por otra parte, nunca obliga a la otra persona a nada. El consentimiento mutuo y la amabilidad brindan un ambiente en el que el esposo y la esposa se sienten seguros, a salvo en el lecho matrimonial. Pablo les escribió a los corintios, en su famosa descripción del amor:

El amor es paciente y bondadoso ... No exige que las cosas se hagan a su manera... 1 Corintios 13:4, 5 (NTV)

Las conductas agresivas, que buscan obligar al otro, le abren la puerta al miedo y a la inseguridad en el matrimonio. De forma que el poder de la intimidad se reduce. Cuando la intimidad que debiera rebosar hacia las demás áreas del matrimonio se ve impedida, empiezan a verse afectados muchos otros aspectos. Sin embargo, el amor espera. Esperará la sanidad cuando se haya roto la confianza. Esperará al día de la boda para disfrutar de la intimidad. Y esperará a que primero se conecten los corazones.

• **La lujuria usa a las personas y las deja peor de como se encontraban. El amor las edifica y las afirma.**
Después del acto sexual, la lujuria deja a la persona sintiéndose usada, descartada. Pero el amor real hace todo lo contrario. Ambos se sienten valorados y adorados, de modo que la relación hace surgir lo mejor de ambos. Las relaciones fundadas en la lujuria hacen que la persona se sienta insegura. El amor, por su parte, edifica a la persona desde adentro. Se sentirá deseada, necesitada por el otro, no por su aspecto físico sino por su belleza interior, por su bondad, su humor, su creatividad, integridad y fuerza. Y como resultado, la persona siente confianza en sí misma, en su cónyuge y en su matrimonio.

El amor, por su parte, edifica a la persona desde adentro.

Como pastor, cuando suena el teléfono nunca sé qué habrá del otro lado. Puede ser una llamada llena de gozo o de tristeza. Nunca olvidaré el día en que me llamó una mujer, cuyo esposo le había confesado que durante años había estado luchando contra el problema de la adición a la pornografía. A pesar de que tenían más de diez años de matrimonio, Nancy no tenía idea de la adicción de Víctor. Hasta ese día, se había sentido totalmente confiada respecto a su vida sexual. Y ahora, empezó con dudas acerca de sí misma, de su matrimonio y de su esposo. Me habló del dolor, de la traición, de la tristeza que sentía, pero más que todas esas emociones, había confusión en su voz. No sabía bien cómo enfrentar su dolor, ni qué hacer al respecto. Le dije que hablara con su esposo sobre esa adicción, en vez de cerrarle las puertas. Descubrió que la adicción había comenzado en su adolescencia. A los quince años, Víctor había empezado a recurrir a la pornografía como salida ante la soledad de ser hijo único. En vez de hablar sobre sus emociones, las evitaba y cubría su adicción encendiendo la computadora incluso cuando no quería hacerlo. Con el tiempo, se le hizo hábito, por lo que gobernaba su vida. Lo más triste era que Víctor estaba desesperado por ser libre. Cuando recurría a la pornografía, no sentía placer ni satisfacción. Sentía angustia y sufrimiento porque no tenía el poder para dejarlo. Ahora, al decirle la verdad, sentía que tenía una última esperanza de liberarse.

Cuando Víctor se sinceró con Nancy, ella empezó a ver el tormento con que había vivido su esposo día a día, sin poder entender esa parte de su persona. Recuerdo que le pregunté algo que hizo que ya no se enfocara en su sensación de víctima, sino en pensar cómo ayudar a su esposo. "¿Lo amas y amas a tu familia tanto como para ayudarlo a ser libre?"

No le pregunté a Nancy si quería perdonar y olvidar. Le pregunté si estaba dispuesta a ayudar a sanar el quebrantamiento de su esposo. Si podía ver que, juntos, podría ayudar a Víctor a vencer su adicción y mantener unida a su familia, al fin el perdón y la confianza podían ser reconstruidas. El Espíritu Santo empezó a ayudarle a ver que tenía en sus manos el poder para ayudar o lastimar a su esposo. Dios le habló al corazón, diciéndole que Víctor no necesitaba cargar con el peso de la culpa más de lo que ya cargaba. Necesitaba saber que había alguien que iba a ayudarle a derribar la muralla de la vergüenza. Tomó tiempo, necesitaron conversar con gran sinceridad, poniendo en su lugar los límites para mantener la transparencia, hoy ese matrimonio ha vencido. Lo hicieron juntos. El poder que hay en esta historia no es que Víctor estuviera libre de la tentación de recurrir a la pornografía una vez confesado su secreto. El poder radica en que, con el amor de Dios y el de su esposa, ahora sabe que no está solo, que tiene poder para luchar contra la adicción.

Si alguien es adicto al sexo, la pornografía y otros hábitos sexuales, se preguntará si alguna vez podrá ser libre. Como Víctor, cuando te apartas del pecado sexual y le das tu corazón a Dios y aceptas Su perdón, encuentras la libertad que necesitas con desesperación. Con valentía, y el poder del Espíritu Santo para darte esperanzas y fuerzas, puedes vencer cualquier adicción sexual, cualquier hábito o tentación.

Para ayudarte a alcanzar el éxito necesitas dos componentes clave. El primero es *un pacto con Dios, comprometiéndote a buscar la pureza sexual* con tus ojos, tus oídos, tu mente y tu corazón. El segundo es *tener a alguien ante quien rindas cuentas,* que te ayude a vencer este problema. En una situación ideal, será tu cónyuge si te has casado, o una persona de confianza si eres soltero o soltera.

El pecado sexual y la lujuria se inician en la mente. Pero la verdad y la gracia de Dios revolucionan no solo nuestros pensamientos, sino también nuestras actitudes y conductas. Cuando eso sucede, tomamos conciencia de la verdad libertadora de que ya no necesitamos ocultarnos. Somos libres en verdad.

27

La ira: una pausa, antes de castigar

La ira es un ácido que puede dañar mucho más a su
vasija que a aquello sobre lo que se derrama.

—Mark Twain

Hace años, aconseje a una familia que, a primera vista, parecía perfecta. Jason y Karla Padilla tenían casa, hijos, un matrimonio, autos y carreras como profesionales. Hasta un perro fino. Sus amigos y familiares les admiraban y consideraban que eran una familia modelo, ejemplo de la vida que todos querían para sí. Pero a veces, las cosas no son lo que parecen. Lo que nadie sabía era que a puertas cerradas, en esa casa que parecía perfecta, la familia se destruía por causa de la fuerza destructiva de la ira. Quien haya sentido o visto los efectos de la ira sabe que no tiene fronteras ni límites. Que no se limita a una comunidad o sector demográfico en particular. Que no conoce de edades, religiones o identidades sociales. La ira puede afectar a cualquier hogar, cualquier matrimonio o cualquier corazón.

En privado, dentro del hogar de los Padilla, había discusiones, y los rencores contaminaban sus corazones. El amargo silencio llenaba la casa durante semanas. Una y otra vez, Jason y Karla se atacaban con palabras de sarcasmo y acusaciones, sin tomar conciencia del impacto que cada una de sus palabras tenía en sus hijos. Él se enojaba. Ella también. Y los hijos estaban en el medio.

Muchos creen que la ira, más allá de cómo se exprese, es mala. Eso no es del todo correcto porque la ira es una emoción normal que Dios nos dio. Pero cuando llega al nivel del descontrol y se vuelve un estilo de vida, sí que es mala. Por tanto, es importante que sepamos distinguir entre la ira o el enojo como emoción dada por Dios, la ira justa y la ira pecaminosa o injusta. La ira injusta no tiene misericordia. La ira como emoción que Dios nos dio, es justa. La ira injusta es disfuncional y peligrosa. La ira justa es saludable y beneficiosa. Pablo nos dice:

Si se enojan, no pequen; que el enojo no les dure todo el día. No le den oportunidad al diablo. Efesios 4:26-27 (DHH)

Si guardas ira en tu corazón y tu mente, le estás abriendo las puertas de tu corazón al enemigo, dándole pie y lugar. Cuando la ira, la amargura y el resentimiento se apoderan de tu corazón, el que gana es Satanás. La *revolución del corazón* cambia eso al transformar la manera en que reaccionas cuando sientes que la presión te lleva al límite. En vez de permitir que la ira nos controle, como revolucionarios decidimos ser nosotros los que estemos al mando y hacemos una pausa antes de responder.

> **La revolución del corazón transforma la manera en que reaccionas cuando sientes que la presión te lleva al límite.**

La pausa permite que el perdón, la gracia y la misericordia venzan a la ira, la furia y el enojo. A veces podemos sentirnos exactamente como se sentía esa familia. Como si nuestros hogares, nuestros lugares de trabajo o nuestras relaciones fueran zonas de guerra y todos los días tenemos que esquivar flechas y lanzas que nos atacan con ira. Si nos tomamos un momento para hacer una pausa cuando las situaciones empiezan a volverse demasiado acaloradas, permitimos que Dios nos recuerde que Él es el que tiene autoridad y poder para callar las guerras que irrumpen dentro y fuera de nosotros. Si tan solo nos detenemos y nos estamos quietos:

> Él hace cesar las guerras en toda la tierra; quiebra el arco y rompe la lanza y quema con fuego los escudos. "¡Quédense quietos y sepan que yo soy Dios!" Salmo 46:9-10 (NTV)

Ese momento, esa pausa, te permite recordar la grandeza de lo que es Dios en tu vida, que Él puede poner fin a las guerras de la ira, a los conflictos sin resolver, al resentimiento que tal vez ha estado presente durante años. Si eres el que ha experimentado la ira de otra persona, la pausa le da lugar a Dios para darte sanidad y restauración. Y si eres el que ha estado soportando el problema de la ira, la pausa y tu mirada en dirección a Dios te darán esperanzas y fuerzas para que puedas vencer.

La ira, como todas las expresiones emocionales, sale del corazón. Si te ocupas de la raíz de ella y no solo de sus frutos, verás el cambio y la transformación que todos necesitamos y deseamos. La pausa le permite a Dios sacar a la luz esa raíz, liberándote con Su perdón para que la ira ya no controle tu vida. Tratar de lidiar con la ira por tus propios medios tal vez funcione durante un tiempo, pero si no resuelves el problema a nivel del corazón con Dios pronto podrás explotar. Es hora de tratar con la ira de frente para que pueda iniciarse un cambio en tu corazón. *Recuerda que un cambio en tu corazón traerá una transformación a tu vida.*

La lamentable realidad es que no hay mucha gente que haga una pausa y piense antes de reaccionar cuando se sienten sobrecargados en el lugar de trabajo, en el hogar y en sus relaciones.

Tampoco hay muchos que le pidan a Dios que saque a la luz la raíz de su ira. Sin estos principios clave, el resultado es, por lo general, un estallido descontrolado de ira que te hace decir cosas que luego lamentas. La gente no puede florecer en un ambiente gobernado por la ira. Una atmósfera llena de ira aplasta la esperanza e invalida el potencial de cada una de las personas de la familia y en especial de los más vulnerables: los hijos.

En mi oficina, con esa "pareja perfecta", escuché a Jason y Karla contándome cómo habían llegado a ese punto en su relación. Después de haber ocultado sus emociones por más de quince años de matrimonio, indiferente y tristemente confrontaron por primera vez su pasado. Sentían amargura en el corazón por las decisiones que habían tomado sin pensar en el otro; resentimiento por las indiscreciones que habían ocultado, y furia por las decisiones que los mantenían cada vez más alejados. Apenas podían soportar estar juntos en la misma habitación. Antes de que pudieran reconstruir su matrimonio, tendrían que ocuparse de la ira. Pero, ¿cómo?

Veamos la forma en que los Padilla enfrentaron y vencieron la ira que había en sus corazones y su hogar.

- **Admitieron que la ira era un problema**

El reconocimiento, y no la justificación, es el primer paso para resolver cualquier problema. Siempre resulta más fácil culpar a otros y dar excusas en lugar de enfrentar el problema de la ira. Pero la sanidad siempre llega primero a los lugares quebrantados. La Biblia nos enseña que será nuestra sinceridad lo que atraiga la sanidad y la redención de Dios.

> Si afirmamos que no tenemos pecado, lo único que hacemos es engañarnos a nosotros mismos y no vivimos en la verdad; pero si confesamos nuestros pecados a Dios, él es fiel y justo para perdonarnos nuestros pecados y limpiarnos de toda maldad. 1 Juan 1:8-9 (NTV)

Hay que ser muy valientes y decididos para mirar nuestro interior en vez de hacia afuera. Pero cuando empiezas a ver lo mucho que puede dañar a tus seres amados la ira y el silencio, en esos momentos en que tu pecado sale a la luz, tal y como es, no será la voz condenatoria de Dios lo que oigas, sino Su tierna voz de revelación que te dice que tu corazón y tu vida han sido cambiados para siempre. Cuando Karla y Jason dieron ese paso revolucionario de admitir que tenían un problema con la ira, abrieron las puertas a la sanidad genuina.

- **Se arrepintieron el uno ante el otro, y ante sus hijos**
Cuando Dios saca a la luz nuestras debilidades, siempre surge la necesidad de que respondamos. Y no hablo del arrepentimiento que entendemos como un "Lo siento", sin la decisión de un cambio del corazón. Cuando nos arrepentimos, decidimos asumir conductas diferentes, hablar palabras distintas y vivir valores diferentes. En el momento en que decidimos con el corazón que nos volveremos a Él y nos arrepentiremos, nos promete que vendrán tiempos de renovación.

> Ahora pues, arrepiéntanse de sus pecados y vuelvan a Dios para que sus pecados sean borrados. Entonces, de la presencia del Señor vendrán tiempos de refrigerio. . . Hechos 3:19-20 (NTV)

Al principio Jason y Karla se sentían incómodos al hacer una pausa, reflexionar y expresar algo que no fueran exigencias. Pero es como cuando aprendemos cualquier otra habilidad. Con el tiempo, esas nuevas decisiones se convirtieron en nuevos hábitos para ellos. Y cuando empezaron a ver que cada uno de ellos intentaba cambiar de conducta, ambos pudieron empezar a caminar en el perdón.

- **Reconocieron qué era lo que encendía la ira**
Todos tenemos botones o detonadores que nos hacen pasar al instante de la irritación a la furia. Cuando más permitas que Dios vea todas las piezas de tu corazón, Él te podrá revelar qué hacer cuando sientas que han presionado esos botones. Karla y Jason estudiaron sus patrones de ira largo y tendido. Tomaron

nota de las cosas que causaban que la ira se encendiera en ellos y empezaron a elegir otras formas de responder. Les sugerí que podían hacer una pausa, limpiar sus corazones, orar y luego volver a reunirse para conversar sobre el tema. No podrían eliminar todos los detonadores en sus vidas, pero sí aprendieron cómo vencerlos.

Esas decisiones del corazón, en combinación con la gracia de Dios, revolucionaron la familia que tantos veían como "perfecta". Jason y Karla recorrieron el camino de la sinceridad mutua junto con sus hijos. ¿Les llevó tiempo, lágrimas y el esfuerzo de la confianza? Claro que sí. Pero lo superaron. Se ocuparon de todas las raíces, se negaron a renunciar y recuperaron mucho más de lo que habían perdido.

Tal vez sepas bien lo que se siente cuando estás del otro lado, del lado de quien recibe la ira, o quizá conozcas el dolor de despertar cada mañana, de mirarte en el espejo y saber en lo profundo de tu corazón que eres tú quien tiene el problema de la ira. No importa de qué lado estés. Si hoy haces una pausa para poner tu corazón en manos de Dios, Él revolucionará la forma en que reconoces y respondes ante la ira.

Hoy, Dios derrama sobre ti el poder de sanar, el valor de vencer y la fuerza de volver a intentarlo. Permite que el amor sea la fuerza dominante en tu corazón. No hay nada más grande.

28

Liderazgo:
¿quién lleva los pantalones?

El líder lleva a las personas a donde ellas quieren ir.
El gran líder las lleva, no necesariamente a donde
quieren, sino a donde deben estar.

—Rosalynn Carter, primera dama

En todas las áreas de la vida, el clamor más fuerte es por liderazgo. Las Escrituras nos dicen:

> Sin liderazgo sabio, la nación se hunde.
>
> Proverbios 11:14 (NTV)

Todo empieza y termina con el liderazgo. Si buscas el origen de cualquier problema, lo más probable es que encuentres que

La realidad, ante todo

en algún momento hubo alguien que no tomó el liderazgo. En un negocio, la mayoría de los problemas surgen cuando alguien no toma la iniciativa ni el liderazgo. En las iglesias, la gente muchas veces batalla para conectarse cuando hay una clara falta de liderazgo a seguir. En el hogar, las familias sufren si falta el liderazgo. En casi cualquier situación, el liderazgo es el problema, y también la respuesta.

El factor determinante para el éxito de cualquier negocio, cualquier relación, cualquier iglesia, cualquier estudiante, cualquier matrimonio y cualquier familia, es la voluntad de asumir la responsabilidad ante las condiciones que se han creado o bien, que necesitan crearse. Jesús dijo:

> Ustedes son la sal de la tierra. Pero ¿para qué sirve la sal si ha perdido su sabor? ¿Pueden lograr que vuelva a ser salada? La descartarán y la pisotearán como algo que no tiene ningún valor. Mateo 5:13 (NTV)

Él no les hablaba a personas que parecían o hablaban como líderes. Era gente que tenía problemas de autoestima, de miedo, de inseguridad. Nadie los consideraba excepcionales, favorecidos o siquiera calificados. Sin embargo, aquí Jesús les habla estas palabras revolucionarias, llamándoles transformadores del mundo, influyentes y líderes. Les dijo que eran la sal de la tierra, lo cual significaba que tenían el propósito de preservar, sazonar y crear sed en la tierra. Su mensaje para ellos, más allá de la atmósfera en la que estaban, era que habían sido llamados a penetrar ese ambiente y cambiarlo.

Lo mismo es cierto hoy. Dios te llama "sal de la tierra". Te llama líder. Te ha escogido y equipado para preservar las vidas de otros, para sazonar sus corazones con pasión y propósito y para crear en ellos una sed por Dios. Ya tienes dentro de ti el potencial y la capacidad para dirigir. La Biblia dice que lo único que tienes que hacer es dar un paso al frente y disponerte a hacerlo:

> Si Dios te ha dado la capacidad de liderar, toma la responsabilidad en serio. Romanos 12:8 (NTV)

Todos los días, nosotros enfrentamos la decisión de ser líderes o seguidores. Hay oportunidades en todos los caminos de la vida en que eliges si te quedas allí sin decir o hacer nada, o si te levantas y dices algo. En tiempos de cambio y crisis, tu mundo está esperando que te levantes y seas tú quien influya. Tus colegas, tu familia, tus amigos y tu iglesia creen que vas a dar un paso al frente con la audacia que es valentía y honestidad, no explosividad ni agresividad. El

Dios te llama "sal de la tierra". Te llama líder.

tipo de liderazgo que da un paso al frente y dice lo que hay que decir, y hace lo que hay que hacer, para traer paz, orden y autoridad.

Recuerdo una caminata que di con un joven y prometedor líder durante nuestro campamento de verano para jóvenes. Alex era un hombre bien parecido, un exitoso hombre de negocios, que en su trabajo estaba a cargo de cuentas millonarias. Pero en casa, su esposa era la que mandaba en todo. Hay preguntas que solo debieras hacer si estás dispuesto a oír la respuesta. Ese día, Alex me hizo una de esas. Quería involucrarse más en la iglesia, y me preguntó: "Pastor, ¿qué se necesita para ser líder? ¿Qué piensa que tengo que hacer?".

Aproveché la oportunidad para hablarle en privado sobre algo que había observado. Si había un momento adecuado, era este. Entre los hombres, hay conversaciones que solo se pueden dar cuando hablas frente a frente, en privado. Tal vez fuera el calor, o la fatiga de llevar a 250 jóvenes a la playa. No sé por qué, pero miré a este tipo que era tres veces más grande que yo y le dije: "Alex, ¿de veras quieres saberlo?".

Asintió, sin seguridad acerca de qué iba a decirle.

Me detuve y le presenté un desafío: "Si quieres ser líder, necesitas empezar a ponerte los pantalones en tu familia porque hasta ahora, los ha llevado tu esposa. Obviamente, ella es más espiritual que tú, necesitas dar un paso al frente en tu casa, si quieres darlo aquí".

No sabía cómo iba a reaccionar ante mi cruda sinceridad. Pero su expresión me decía: "¿Quién te crees que eres?". Seguro que esperaba un sermón de tres puntos sobre cómo involucrarse en la iglesia. Pero no fue eso lo que obtuvo. No. Lo que obtuvo Alex fue una conversación franca, de hombre a hombre, sobre la realidad del liderazgo en el matrimonio. Como resultado de esa conversación, empezó a efectuar cambios en su matrimonio que alteraron la trayectoria de su hogar. Asumió la responsabilidad espiritual de la atmósfera de su casa, y empezó a orar y a leer su Biblia, sin que su esposa le insistiera.

En lugar de sentir enojo o resentimiento por ese cambio de su esposo, su esposa se sintió agradecida porque se había restaurado el orden. Sintió el alivio al no sentir la presión de tener que tomar decisiones, de ejercer el liderazgo, y se sintió honrada en su voluntad por seguirlo. Hoy es refrescante ver que es él quien lleva los pantalones, tanto en su hogar como en el ministerio.

Incluso si sientes que has perdido tu derecho a dirigir, es hora de hacer lo que hizo este hombre, que empieces a operar como líder, hoy mismo. Eres el termostato, no el termómetro, del liderazgo. Porque el termómetro informa sobre la condición de la atmósfera, ¡pero el termostato la cambia!

Eres el termostato, no el termómetro, del liderazgo.

Hoy hay áreas en tu vida que necesitan de tu liderazgo. Veamos lo que sucede cuando das un paso al frente para dirigir en tu hogar, en el trabajo y en la iglesia:

• **En casa, Dios restaura los roles designados por Él para la familia y establece el orden y la paz.**

El liderazgo en casa puede ser el lugar más difícil para establecer el ánimo porque se han alterado y confundido los roles designados por Dios para la familia. Los roles en la familia no son susceptibles de debate. Han sido establecidos claramente por Dios. Él les ha dado a los esposos y a los padres el rol crucial del liderazgo. Cuando asumen esta responsabilidad, todo es posible para la familia. Pero cuando dimiten de su rol, todos se ven afectados y el resultado puede ser doloroso. Pablo nos recuerda acerca de tales roles:

> Porque el marido es la cabeza de su esposa como Cristo es cabeza de la iglesia. Él es el Salvador de su cuerpo, que es la iglesia. Así como la iglesia se somete a Cristo, de igual manera la esposa debe someterse en todo a su marido. Efesios 5:23-24 (NTV)

Someterse no es difícil si hay liderazgo justo y recto. Cuando los hombres actúan eficazmente como líderes fuertes y amorosos, las mujeres quieren reconocer su liderazgo y lo aceptan. Y si hay un liderazgo justo, los hijos tienen la sensación de que hay paz en el hogar, incluso cuando haya crisis y cambios. Los roles de esposo y esposa, de madre y padre, son las posiciones de liderazgo más importantes que Dios pueda darnos.

¿Qué pasa si has tomado decisiones de liderazgo equivocadas en el pasado y no sabes bien cómo restablecer tu derecho a dirigir? Empieza hoy mismo a dirigir de nuevo. Recuerda que no puedes obligar a tu familia a que confíen en tu liderazgo: tienes que ganarte su confianza. Mediante la combinación adecuada de ternura y firmeza, flexibilidad y dirección estable, puedes mostrarles a tu esposa y a tus hijos que pueden confiar en tu liderazgo. Cuando haces ese esfuerzo, todos ganan en casa. Y cuando ganas en casa, ganas en todas partes.

• **En el trabajo, nuestro liderazgo inspira a los demás y glorifica a Dios.**

No importa si eres jefe o empleado. El liderazgo en los negocios es vital. El lugar de trabajo no solo es donde trabajas cuarenta horas para que te den un cheque. En todo lugar de trabajo, tienes oportunidad de dar lo mejor de ti y desarrollar el potencial que Dios te dio. Como jefe, tu liderazgo es el que inspira a tus empleados a esforzarse por cosas más grandes. Como empleado, es tu liderazgo el que permite que la compañía opere con toda su visión y propósito.

Mucha gente ve sus empleos solo como "trabajo", y se pierden la oportunidad de demostrar el espíritu de la excelencia en el trabajo, ante el mundo que les rodea. Jesucristo es nuestro primer jefe y cuando nuestra meta es dar lo mejor de nosotros para Él en el trabajo, estaremos haciendo también lo mejor que podemos para nuestro jefe terrenal. Como cristianos, somos llamados a ser los mejores líderes en nuestros empleos porque servimos a Aquel que nos da todo el poder y toda la autoridad para hacer lo que se nos pida (Filipenses 4:13). Él espera que tengamos los testimonios más poderosos en el trabajo, para Su gloria. En la práctica, eso significa ser puntuales, cumplir con la tarea y hacer todo lo que hagamos con propósito.

Considera las palabras alentadoras de la Biblia para que adoptes la perspectiva correcta en el trabajo:

Esclavos, obedezcan en todo a sus amos terrenales. Traten de agradarlos todo el tiempo, no sólo cuando ellos los observan. Sírvanlos con sinceridad debido al temor reverente que ustedes tienen al Señor. Trabajen de buena gana en todo lo que hagan, como si fuera para el Señor y no para la gente. Recuerden que el Señor los recompensará con una herencia y que el Amo a quien sirven es Cristo; pero si hacen lo que está mal, recibirán el pago por el mal que hayan hecho . . . Colosenses 3:22-25 (NTV)

- **En la iglesia, nuestro liderazgo cumple la misión y la visión de Jesús.**

Fue el liderazgo lo que estableció la iglesia, y lo que la preservó, permitiéndonos cumplir con el último mandamiento que Jesús les dio a Sus discípulos:

"Se me ha dado toda autoridad en el cielo y en la tierra. Por lo tanto, vayan y hagan discípulos de todas las naciones, bautizándolos en el nombre del Padre y del Hijo y del Espíritu Santo. Enseñen a los nuevos discípulos a obedecer todos los mandatos que les he dado. Y tengan por seguro esto: que estoy con ustedes siempre, hasta el fin de los tiempos". Mateo 28:18-20 (NTV)

Cuando como iglesia asumimos el rol de liderazgo en nuestras comunidades, llevamos la revolución fuera de las puertas de la iglesia y a los corazones de la gente. A nivel personal, si operas como líder y te involucras, si asumes la responsabilidad de la misión de tu iglesia y te comprometes a elevar a la siguiente generación, estarás cumpliendo con el propósito y la misión de Dios en la tierra. Tu liderazgo hace la diferencia.

Hace falta valentía y tenacidad para dirigir, para hacer lo correcto, para entregar tu vida como sacrificio por tus seres amados, día tras día. Hace falta disciplina y enfoque para marcar el paso a los que te rodean. Pero lo más importante es que hace falta un corazón que no se defina por las decisiones del pasado, un corazón decidido a dirigir. No esperes a que otro determine la temperatura del liderazgo. Tu liderazgo es el que marca la diferencia.

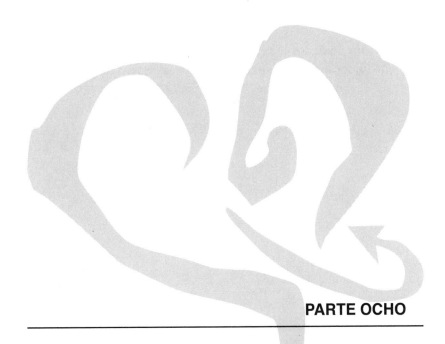

VOLVIENDO TU CORAZÓN HACIA TU HOGAR

Complementa esta lectura viendo la octava parte
del videomensaje especial del pastor Sergio titulado:
Volviendo tu corazón hacia tu hogar

Visita www.sergiodelamora.com/heartrev

29

Escucha con el corazón, no solo con la cabeza

No hay más sordo que el que no quiere oír.

—Proverbio judío

"*Allí donde está el corazón, está nuestro hogar*". Si el hogar es donde está el corazón y es en este donde comienza la *revolución del corazón*, se concluye entonces que esta revolución tiene que tener impacto en nuestros hogares antes de que pueda exteriorizarse. Para muchos, sin embargo, el hogar es el lugar donde no pueden sentirse ganadores en absoluto. Las relaciones tensas, las promesas incumplidas y las conductas egoístas han derribado los fundamentos de muchísimos hogares. Con solo echar un vistazo a la condición de las familias de hoy, vemos que muchos experimentan los efectos de las relaciones rotas.

La amargura, la división, el conflicto sin resolver, el aislamiento, la ira, la complacencia son solo algunos de los problemas con que luchan las familias en nuestra sociedad. El objetivo de la *revolución del corazón* es llevar sanidad y restauración a las familias, llegando a la raíz de esos problemas. Cuando Dios produce la revolución en nuestros corazones ya no intentamos ocultar ni acallar lo que realmente hay en ellos. Podemos entonces enfrentar los problemas que hay en la familia con sensibilidad y con voluntad para ver que se produzca la verdadera restauración. Dios no solo quiere que las relaciones rotas o tensas en el hogar experimenten Su sanidad, lo anhela. Las últimas palabras de Dios mismo en el Antiguo Testamento describen lo que hay en Su corazón para la restauración de la familia:

> Él hará volver el corazón de los padres hacia los hijos, y el corazón de los hijos hacia los padres, no sea que yo venga y hiera la tierra con maldición. Malaquías 4:6 (RVR)

Cuando volvemos el corazón hacia nuestra familia, empieza a cambiar el curso de nuestras relaciones. Por encima de todo, hay una característica crucial para mantener el corazón enfocado en Dios y en los demás: *escucharnos* los unos a los otros.

Una característica crucial para mantener el corazón enfocado en Dios y en los demás: *escucharnos* los unos a los otros.

Vivimos en una sociedad auditiva. Culturalmente, estamos constantemente expuestos al continuo susurro de la vida moderna. Como resultado, somos propensos a estar tan conectados a algún aparato electrónico que muchos hemos olvidado el arte de escucharnos los unos a los otros. Pero nuestras relaciones se transforman cuando creamos la cultura de escuchar. Tu oído es la puerta de entrada a tu corazón. Cuando aprendes a oír el corazón de la persona que está tras sus palabras, descubres que la comunicación se vuelve más clara, más rica, cobra más sentido. Escucharnos hace que nos conectemos a nivel del corazón.

Es indispensable que nos escuchemos con el corazón, no solo con la cabeza. Cuando escuchamos con la cabeza, solo reunimos datos e información para el momento, pero nos volvemos sordos a los mensajes que no se pronuncian, que son los más importantes. Escuchar con el corazón es un arte y una ciencia al mismo tiempo. Al prestar atención a los mensajes de la expresión del rostro y el tono de voz, empiezas a relacionarte y conectarte con las personas a las que más amas.

La mayoría de los problemas de comunicación entre esposo y esposa o entre los padres y los hijos se originan en el hecho de que solo escuchan con la cabeza. Eso solo te brinda información parcial, la que a menudo lleva a malas interpretaciones y suposiciones. Las suposiciones dan lugar a la resistencia y el resentimiento, puesto que el otro suele sentir que te importa más lo tuyo que lo que hay en su corazón y, por eso, se retrae. Todo cambia cuando escuchamos al otro bajo la perspectiva de Dios. Él trae verdad a las áreas de la mala comunicación y suaviza las suposiciones con Su humildad.

> **Todo cambia cuando escuchamos al otro bajo la perspectiva de Dios.**

A continuación, te brindo algunas sugerencias para que escuches al nivel del corazón:

- **Pídele a Dios que te dé sabiduría**

Cuando buscas la sabiduría de Dios, Él te revela que, en toda conversación entre padres e hijos, o entre esposo y esposa, no hay solamente dos personas presentes. Hay tres. Dios siempre está presente, y quiere ayudarnos, guiando nuestras palabras y nuestros pensamientos para que podamos escuchar con el corazón. Empieza a depender de esta invisible tercera Persona cuando te comunicas con tu familia, y pide que Dios te guíe.

> Si necesitan sabiduría, pídansela a nuestro generoso Dios, y él se la dará; no los reprenderá por pedirla. Santiago 1:5 (NTV)

- **Escucha antes de hablar**
  ¿Alguna vez conociste a alguien que tenía la boca siempre "prendida", sin apagarla jamás? Son personas que no pueden dejar de decir lo que piensan, cómo se sienten o qué deberías hacer. La comunicación que da sanidad siempre incluye pausas y momentos de reflexión. Si hablamos sin pausas, solemos decir cosas que no queremos, o respondemos de maneras que no intentamos. La Biblia nos enseña:

  > Todos ustedes deben ser rápidos para escuchar, lentos para hablar y lentos para enojarse. El enojo humano no produce la rectitud que Dios desea. Santiago 1:19-20 (NTV)

- **Aprende a hacer buenas preguntas**
  La comunicación genuina incluye siempre preguntas que inviten al otro a dar su opinión, a expresar sus pensamientos y emociones. Las preguntas que no dependen de una respuesta correcta o incorrecta resultan menos intimidantes. Por ejemplo, pregunta: "¿Qué te pareció....?", o "¿Cómo crees que sucedió?". Y para seguir la conversación una vez que tienes la respuesta, lo mejor que puedes decir es: "Cuéntame más". Esto le hace saber al otro que no solo lo escuchas, sino que también estás interesado.

- **Escucha con empatía**
  El lenguaje corporal a veces dirá mucho más de lo que se dice con palabras. La comunicación incluye solo un 7 por ciento de palabras dichas en voz alta. El otro 93 por ciento, son nuestros gestos, expresión facial y lenguaje corporal. Comunicamos empatía si miramos a la persona a los ojos, asentimos ocasionalmente y nos apoyamos contra el respaldo de la silla, mostrando que estamos relajados. Las familias que tienen la confianza y la seguridad de que alguien quiere oír lo que dice el otro, tienen más probabilidades de comunicarse cuando surge el conflicto. Tu lenguaje corporal y tus respuestas dicen: "Estoy aquí y quiero saber qué piensas".

- **Elige el momento adecuado para hablar**
No todo momento será el adecuado. A veces es mejor esperar y reagrupar tus ideas para expresar lo que quieres decir con mayor claridad. Los mejores momentos son, por lo general, aquellos en que no hay distracciones, ni emociones encendidas. La Biblia dice:

> Todo tiene su momento oportuno...un tiempo para callar, y un tiempo para hablar. Eclesiastés 3:1, 7 (NVI)

Si apartas tiempo para comunicarte con sinceridad, con franqueza, le dejas ver al otro que valoras la comunicación y la reconciliación.

- **Elige palabras que edifiquen, no que destruyan**
Nuestras palabras tienen un poder asombroso para dar vida o muerte (Proverbios 18:21). Cuando aprendes a escuchar con el corazón, quienes te rodean empezarán a sensibilizarse y a hacerse más vulnerables. Cuando se sienten respetados y comprendidos, te dan acceso a su corazón. En esos momentos que son tan tiernos, debes andar con cuidado. El objetivo de todas nuestras conversaciones es edificar, restaurar y apoyar. Habla vida, transmite esperanza y fe cuando converses, y las puertas de la comunicación siempre permanecerán abiertas. Pablo nos recuerda algo que nos mantiene con los pies en la tierra, y añade propósito a lo que decimos:

> No salga de vuestra boca ninguna palabra mala, sino sólo la que sea buena para edificación, según la necesidad del momento, para que imparta gracia a los que escuchan. Efesios 4:29 (LBLA)

Tengo que reconocer que, en general, las mujeres son mejores que los hombres para escuchar. A decir verdad, creo que la mayoría de los hombres tenemos dificultades para comunicarnos y escuchar. Recuerdo a un padre que vino a verme después del servicio y me dijo: "Su iglesia no funciona". Recuperado de la impresión inicial, le pregunté a qué se refería. Steven empezó a decirme que había estado trayendo a su esposa y sus hijos a la iglesia durante seis meses, pero que no había notado cambio alguno en su relación con ellos. Me contó acerca de una relación tensa con su hijo adolescente. Me estaba acusando, básicamente, de no "arreglar" la relación con su familia. Admiré su audacia y empecé a preguntarle qué creía que era lo que había originado este problema con su hijo. Se sinceró y dijo que jamás habían tenido una conversación de verdad. Pude ver que la situación lo frustraba y le pregunté algo más: "¿Le has dicho a tu hijo alguna vez que lo amas?".

Me miró como si yo estuviera loco y dijo: "Su madre se lo dice y con eso basta. Esa es su tarea".

Durante dos horas más estuve con Steven y empecé a ayudarle a ver el poderoso rol que Dios le había dado en la vida de su hijo. Pasamos por cada uno de los actos de rebeldía que su hijo manifestaba y, en realidad, vimos que pedía aprobación y amor a gritos. Cuando aprendió a dejar de oír solo lo que salía de la boca de su hijo, Steven empezó a oír lo que salía de su corazón y las cosas empezaron a cambiar.

> **Cuando te enfocas en escuchar con el corazón, ves más allá de las palabras y las emociones que se notan en la superficie.**

En toda relación, cuando te enfocas en escuchar con el corazón, ves más allá de las palabras y las emociones que se notan en la superficie. La Biblia dice que así empezarás a reconstruir los fundamentos de tu hogar:

Una casa se edifica con sabiduría y se fortalece por medio del buen juicio. Mediante el conocimiento se llenan sus cuartos de toda clase de riquezas y objetos valiosos. Proverbios 24:3-4 (NTV)

Hoy, si vuelves tu corazón hacia tu hogar y empiezas a edificar sobre el fundamento de la sabiduría de Dios, del entendimiento de Su Palabra y el conocimiento de Su amor y Su propósito con tu familia, empezarás a ver que la *revolución del corazón* se vuelve viva y activa en tu hogar. La forma en que te comuniques con los que amas es solo un camino para ver que se produzca un cambio en tu hogar. En tu tiempo de oración, insiste en esto y comienza a pedirle a Dios que te dé sabiduría y dirección para enfrentar los problemas que surgen en tus conversaciones. Cuando Dios empiece a revelar las áreas que necesitan sanidad y reconciliación, responde enseguida. Mantén los oídos abiertos a todo lo que Él quiera depositar en tu corazón. Es probable que empiece a hablarte a través de tu cónyuge o de tus hijos, acerca de situaciones, que necesitas volver a Él y a tu familia. Decide ser revolucionario y sana el corazón de tu familia escogiendo escuchar, no solo con la cabeza sino con el corazón.

30

El milagro en tu matrimonio

Te casas, no para vivir con una persona sino, para
no vivir sin ella.

—Anónimo

Cuando dos personas dicen: "Sí, acepto", ocurre algo
milagroso. Esas dos personas se hacen una sola:

"Por eso dejará el hombre a su padre y a su madre, y se unirá
a su esposa, y los dos llegarán a ser un solo cuerpo". Así que
ya no son dos, sino uno solo. Mateo 19:5-6 (NVI)

Dios toma dos personas diferentes, con dos personalidades distintas, dos historias diferentes, dos ideales opuestos y
produce una unión. Es esa unión misteriosa la que le dice al
mundo que por gracia de Dios esas dos personas están unidas,

conectadas, entretejidas, hechas una sola. El matrimonio es un gran misterio, que seguimos explorando a lo largo de nuestras vidas, ya casados. El ser uno solo comienza en el altar, pero la concreción de esta realidad en la vida cotidiana es un proceso que dura toda la vida.

A lo largo de la jornada, las presiones de la vida matrimonial empiezan a hacer una de dos cosas: te acercan o te apartan.

Si dejas que la presión los acerque, como resultado tendrás un matrimonio que podrá soportar hasta las cosas más difíciles.

Georgina y yo entendemos muy bien lo que significa vivir bajo presión.

El ser uno solo comienza en el altar, pero la concreción es un proceso que dura toda la vida.

No se trata solo de las presiones por las que pasan todos los matrimonios. Entendemos además la presión de llevar una vida muy pública. Aprendimos a lo largo de los años en que hemos sido pastores, juntos, que para hacer crecer una megaiglesia se necesita un megamatrimonio. A medida que crecieron la iglesia y la influencia que Dios nos dio, más y más personas empezaron a ver nuestro matrimonio como modelo.

Como todos los matrimonios, hemos pasado por épocas en que uno de los dos se ha desalentado y ha necesitado la aprobación y la afirmación del otro para que ambos pudiéramos seguir adelante. Si no hubiéramos estado los dos comprometidos con el milagro de nuestro matrimonio, podríamos habernos apartado en esos tiempos de tensión. Sin embargo, nuestro matrimonio y nuestro amor mutuo se fortalecieron como resultado de nuestro compromiso por mantener esta unión.

Hace años, aunque sabía que Dios me llamaba a que iniciara una iglesia, me debatía entre ese llamado y mis dudas. Me costó decidirme, me tomó mucho tiempo, y estuve a punto de decirle que no a Dios. Jamás olvidaré la noche en que Georgina y yo pasamos horas hablando de las ventajas y desventajas de mudarnos de Santa Bárbara a San Diego. Le conté todas mis dudas y temores, en cuanto a sacar a nuestra familia de la comodidad de todo lo que conocíamos, para iniciar una iglesia en una ciudad donde nadie nos conocía. En un momento de vulnerabilidad le pregunté: "¿Quién iría a mi iglesia? ¿Quién querría venir a escucharme predicar?".

Me miró a los ojos y me dijo, con más convicción que nunca:

"Yo iría a tu iglesia. ¡Yo iría a oírte predicar!".

En un momento en que yo no creía en mí mismo, Georgina creyó en mí. Veía el llamado de Dios en mi vida, y yo tomé prestado su "sí", cuando todo lo que me quedaba era un "no".

A veces, cuando lo único que tienes es un "no", tienes que hacer lo que yo hice y tomar prestado el "sí" de tu cónyuge. Cuando sientes que no puedes ser la madre o el padre que tienes que ser, o que ya no puedes soportar un día más en tu empleo, o que no te imaginas libre de deudas, necesitas usar la fe de tu cónyuge y tomarla prestada. Supongamos que tu cónyuge tampoco tenga un "sí" que darte. ¿Qué haces entonces? ¡Tomas prestado el "sí" de Dios, hasta que puedas ser el "sí" del otro! Jamás permitas que un "no" impida que tu matrimonio alcance el potencial que Dios les ha dado. Conviértete en un compañero para tu cónyuge hoy y observa las milagrosas maneras en que tu matrimonio crece.

Tomé prestado su "sí", cuando todo lo que me quedaba era un "no".

He aconsejado a cientos de parejas que dejaron de ser compañeros, socios en la vida, porque decidieron buscar cada uno su propia felicidad y plenitud, en vez de recordar que el matrimonio es un lugar de honor, de servicio y respeto. Para construir un matrimonio donde ambos trabajen juntos, hay que ser muy firmes contra uno de los mayores impedimentos: el egoísmo. El egoísmo es como la arena en los engranajes del matrimonio. Si uno de los dos insiste en buscar su propia felicidad, por sobre las necesidades del otro, los componentes internos de la relación empiezan a crujir con el ruido de la fricción. Y la fricción crea enojo y resentimiento, hasta que al fin, el movimiento y la vitalidad del matrimonio cesan. Puedes impedir que el egoísmo eche raíces en tu matrimonio, si identificas, reconoces y te arrepientes de todas esas áreas en las que buscas tu propia plenitud y nada más.

Si das el paso revolucionario de confrontar los deseos más profundos de tu corazón, hallarás que Dios te da fuerzas para cambiar y empezarás a ver recompensas en tu matrimonio que jamás imaginaste. Al encontrar el milagro en tu matrimonio reavivas el fuego del romance, se restaura el respeto, le devuelves a Dios Su lugar en el centro de tu matrimonio y reproduces más milagros en tus relaciones.

Veamos más de cerca estas recompensas que resultan cuando pones el milagro de la unión de nuevo en tu matrimonio:

- **La unión reaviva el fuego del romance**
El romance no tiene que ver solo con las flores, los chocolates y las cenas con velas para dos. El verdadero romance es satisfacer las necesidades del otro, por encima de las tuyas. Eso crea una atmósfera de transparencia e intimidad. Cuando nuestros matrimonios son transparentes y sinceros, disfrutamos de la compañía del otro y nos entusiasma expresar nuestra pasión y afecto con ternura, de manera íntima. El romance se puede reavivar con gestos simples, como abrirle la puerta del auto a tu esposa, darle la mano a tu esposo o regalarle una tarjeta al otro, sin que sea una fecha especial. Si ha pasado mucho tiempo desde que hiciste algo que le mostrara a tu cónyuge que piensas en él o ella, hazlo hoy. Haz algo que le diga: "Estoy pensando en ti". Verás que la recompensa excede la inversión.

- **La unión restaura el respeto**
Sin respeto, nuestros matrimonios se vuelven vulnerables a los ataques verbales y emocionales. El respeto es lo que protege al matrimonio de las palabras y acciones sin consideración por parte del otro. Si actúas para devolverle el milagro de unión a tu matrimonio, borrarás el miedo y la hostilidad que surgen a menudo cuando la esposa o el esposo han sentido el aguijón de la falta de respeto. Cuando ambos valoran y honran el valor del otro, el respeto fluye en la relación, sin que nada se lo impida.

- **La unión le restablece a Dios Su lugar en el centro del matrimonio**

De las enseñanzas de Jesús, Pablo, Pedro y otros escritores de la Biblia, queda claro que Dios nunca tuvo la intención de unir al hombre y a la mujer para abandonarlos y que se las arreglaran por su cuenta. Él quiere estar en el centro de la vida del matrimonio. Todo matrimonio pasa por altibajos, estos nos recuerdan que necesitamos a Dios. En las dificultades de la vida, más que nunca vemos que Dios nos hace falta. Y en los buenos momentos, tomamos conciencia de que es Él quien nos da todo lo bueno. En cada temporada por la que pasan nuestros matrimonios necesitamos que Dios esté en el centro, para darnos perspectiva, fuerzas y esperanza.

- **La unión reproduce más milagros en la relación**

Dios se deleita derramando abundancia en nuestros matrimonios. Los que siembran amor y respeto cosechan abundante pasión, gozo, fortaleza y sabiduría. Es un claro ejemplo de la ley de Dios en cuanto a la siembra y la cosecha. Y lo más poderoso es que esa cosecha se multiplica en otras relaciones, como con los hijos y con otros matrimonios. Empieza a sembrar semillas de romance, respeto y reverencia a Dios, y Su Palabra promete que cosecharás mucho más de lo que sembraste.

¿Cómo logra una persona o una pareja empezar a devolverle el milagro a la relación y ver esas recompensas? El primer paso siempre consiste en romper el código de silencio. Muchos se sientan a esperar que el otro sea quien dé el primer paso. Sin embargo, la pasividad es peligrosa. Jesús nunca sanó un matrimonio durante su ministerio en la tierra. Sanó a personas, que luego fueron y sanaron sus matrimonios. Es un proceso con resultados bellísimos, que bien vale la pena el tiempo y el esfuerzo.

No importa qué sea lo que tengas que hacer, da el primer paso; luego observa cómo empieza el milagro.

31

El respeto: el pegamento que los mantiene unidos

No existe el respeto a los demás sin humildad en sí mismo.

—Henri Frédéric Amiel, filósofo y poeta

Aretha Franklin nos llegó a la fibra más íntima con su canción: "R-E-S-P-E-T-O. Descubre lo que significa para mí". Como *disc-jockey* siempre sabía cuál era el momento indicado para poner esta canción en un baile o una fiesta. Son muy pocas canciones las que evocan esa emoción. Y es porque una de las más grandes necesidades en nuestras relaciones es, justamente, el respeto.

En el matrimonio, anhelamos oír de nuestro cónyuge esas palabras de afirmación que nos hacen sentir valorados y queridos. Si faltan, la conexión del corazón, ese pegamento que los mantiene unidos, empieza a desgastarse. Es el adhesivo que produce la unidad, el acuerdo, la seguridad y la confianza que viene con el respeto mutuo. El amor y el respeto van de la mano en el matrimonio. Al expresar ambas cosas demuestras que honras la presencia de Dios en la otra persona. Cuando no honramos la presencia de Dios y Su obra en nuestro cónyuge, no estamos reconociendo lo que Dios lo ha llamado a ser, estamos violando lo que Él hace en su vida y, como resultado, hacemos que nuestro matrimonio no tenga fruto. Mira, por ejemplo, a Mical, la esposa de David. Su matrimonio comenzó con grandes promesas.

El amor y el respeto van de la mano en el matrimonio.

David era el gran guerrero que había derrotado a Goliat, el peor enemigo de los israelitas. Mical era la hija de Saúl, primer rey de Israel. Y sin embargo, la descendencia de su pasado no podía garantizar el éxito de su futuro marital porque el matrimonio sano necesita más que una descendencia prestigiosa. Necesita que exista el respeto mutuo.

Cuando David empezó a celebrar y a alabar a Dios con celo por su victoria sobre los filisteos, Mical despreció su entusiasmo por Dios al punto de que en su corazón, decidió odiarlo.

> David danzó ante el Señor con todas sus fuerzas, vestido con una vestidura sacerdotal. David y todo el pueblo trasladaron el arca del Señor entre gritos de alegría y toques de cuernos de carnero. Entonces, cuando el arca del Señor entraba a la Ciudad de David, Mical, hija de Saúl se asomó por la ventana. Cuando vio que el rey David saltaba y danzaba ante el Señor, se llenó de desprecio hacia él. 2 Samuel 6:14-16 (NTV)

Lo que hizo que Mical odiara a su esposo fue la falta de respeto. Imagino que para ella era difícil celebrar las cosas nuevas que Dios estaba haciendo ahora a través de David, y no ya a través de su padre. Seguro que para ella eran difíciles de aceptar los cambios que David representaba, tanto en Israel como en su vida personal. El resultado de la falta de respeto de Mical por David fue trágico.

Y Mical, la hija de Saúl, nunca tuvo hijos en toda su vida.
2 Samuel 6:23 (NTV)

El odio y el desprecio de su corazón afectaron directamente la incapacidad de David y Mical para tener hijos. Lo interesante es que las Escrituras no nombran a Mical como esposa de David, sino como hija de Saúl. ¿Será entonces que Mical jamás logró que su corazón respetara y honrara a David como esposo suyo, como rey? Tal vez fue porque su familia nunca valoró ni honró a David, que ella asumió ese sentimiento en vez de respetar y celebrar el matrimonio que Dios le había dado. Porque la condición de tu corazón siempre determinará el curso de tu vida. Mical se menciona simplemente como hija de Saúl, no como esposa de David.

La historia de David y Mical es hoy una advertencia para nuestros matrimonios. Son muchas las parejas que están teniendo dificultad para ver fruto en sus matrimonios e hijos, a causa de la falta de respeto no resuelto. Incluso si no te gusta lo que está haciendo tu esposo o esposa en este momento, puedes de todos modos respetar la presencia de Dios en su vida, porque Cristo está obrando en todas las situaciones. Y esta advertencia no es solo para las esposas, sino para los esposos también. Cuando mostramos respeto el uno por el otro, estamos protegiendo al matrimonio de la falta de fruto, y también, protegemos nuestras oraciones, evitando que sean ineficaces:

> De igual manera, ustedes esposos, sean comprensivos en su vida conyugal, tratando cada uno a su esposa con respeto, ya que como mujer es más delicada, y ambos son herederos del grato don de la vida. Así nada estorbará las oraciones de ustedes. 1 Pedro 3:7 (NVI)

La Biblia nos presenta el reto de ver al cónyuge como coheredero. Al ver a tu esposo o esposa con esa perspectiva, puedes entonces tomar conciencia de su valor eterno. Cada uno de nosotros ha sido creado por el Dios del universo para Su propósito, por lo que se nos ha dado un destino eterno que no tiene comparación. Cuando reconoces esto, puedes ver a tu cónyuge y a los demás con un lente diferente, tratándolos con el mayor respeto. Cuando aprendes a proteger y respetar el llamado de Dios en la vida de ambos, como matrimonio, se hace más fácil respetarse, amarse y honrarse mutuamente. Es esta perspectiva —la de Dios— la que protege a tu matrimonio y tu familia de todo sentimiento de desánimo, desprecio y derrota.

Estas palabras: desánimo, desprecio y derrota, describían a Sandra a la perfección. Ella estaba lista para renunciar y terminar su matrimonio de más de veinte años porque ya no sentía respeto alguno por su esposo. Después de muchas infidelidades con otras mujeres, que como resultado dejaron un hijo, Sandra ya no pudo más. Había decidido que al salir de mi oficina iría directamente a ver a los abogados para pedir el divorcio. Respiré hondo y le conté lo que Dios me había dicho, respecto a su matrimonio: "No firmes los papeles de divorcio todavía. Dame treinta días". Sandra me miró, sin expresar emoción, y dijo: "Pastor, hacen falta más de treinta días para reparar la falta de respeto que él cometió con mi familia". Insistí en que lo intentara de nuevo y le recordé: "Te llevó veinte años llegar aquí. Necesitas una ventana de esperanza, Sandra. Estos treinta días son esa ventana, para que Dios obre un milagro en tu matrimonio".

Al ver a tu cónyuge como coheredero o coheredera, puedes entonces tomar conciencia de su valor eterno.

Esos treinta días dieron inicio al viaje de ese matrimonio por el camino de la recuperación. De todos los problemas matrimoniales, el camino a la recuperación después de la falta de respeto es el más largo y doloroso. La acumulación de emociones necesitaba ser sanada con el tiempo. Este camino era demasiado difícil como para que lo recorrieran a solas. Necesitaban a un mediador que les ayudara a establecer el firme propósito de rendirse cuentas, para que pudiera fluir nuevamente el respeto. Tomaron la valiente decisión de consultar a un consejero cristiano profesional. Había años y años de vergüenza, lamentos, miedo, ira y tristeza que había que resolver y confrontar. Y no podían hacerlo solos. Necesitaban sanidad, no solo para sí. Tenían que ayudar también a sus hijos, para que sanaran las heridas del pasado. Por eso tuvieron más de un año de consejería profesional para que finalmente Sandra empezara a sentir que había tomado la decisión correcta al no pedir el divorcio aquel día. Para ese matrimonio, cada día era una nueva lucha en pos de la verdad y del amor.

Me gustaría decir que les resultó fácil, pero no fue así. Tuvieron que recurrir a cada pizca de fe que pudieran tener en Dios, y entre sí, para recorrer juntos ese camino a la recuperación. Pero lo lograron. Al fin redescubrieron el pegamento del amor, de la honra y del respeto que alguna vez los mantuvo unidos. Cuando veo a esa familia ahora, recuerdo el pasaje de las Escrituras que dice:

> El amor inagotable y la verdad se encontraron; ¡la justicia y la paz se besaron! Salmo 85:10 (NTV)

Hoy, si sientes que ha llegado el momento de renunciar a tu matrimonio, espera. Concédete una ventana de esperanza para que Dios pueda hacer un milagro. Pídele a Dios que puedas ver tus relaciones con ojos de amor y respeto, no con enojo ni odio. Su Palabra promete que Él cubrirá tu dolor y tu ofensa:

> El odio provoca peleas, pero el amor cubre todas las ofensas. Proverbios 10:12 (NTV)

Si confías en Dios y das esos pasos valientes para iniciar el camino hacia la recuperación, Él enderezará lo torcido y suavizará lo áspero y duro (Isaías 40:4). Aférrate a Su Palabra y a Sus promesas, considerándolas supremas, y empezarás a ver que Dios transfiere el respeto que sientes por Él a todas tus relaciones. ¡Tu matrimonio puede triunfar!

32

Inspirando los corazones de tus hijos

El gran hombre es aquel que no pierde el corazón de su hijo.

—Mencio, filósofo chino

John Wilmot dijo: "Antes de casarme tenía seis teorías sobre la formación de los hijos. Ahora tengo seis hijos y ninguna teoría". La formación de los hijos puede ser nuestra mayor alegría, pero también puede ser lo más difícil. Los amamos y son un tesoro para nosotros. Pero nos prueban como ninguna otra cosa.

La revolución del corazón no es solo para ti y tu matrimonio. Es para revolucionar la forma en que te relacionas con tus hijos. Tus hijos, o los que tengas en el futuro, son el barómetro de tu corazón. Reflejan hasta qué punto has recurrido al amor, al perdón y al poder de Dios, y nos llaman a volver a la auténtica fe cada vez que sentimos que la hemos perdido. Los hijos pueden ser terriblemente sinceros cuando se trata de lo que ellos ven.

Mis hijas siempre me han ayudado a mantenerme agarrado a la fe con su sinceridad. Cada mañana las llevo a la escuela y durante el viaje tenemos algunas de las conversaciones más impresionantes. Mis hijas no se reservan sus pensamientos u opiniones. Me dicen directamente, por ejemplo, que no les gustó algo de mi sermón del día anterior. Pero también me dan su aprobación si algo les impresionó mucho. Casi siempre tienen razón.

La revolución del corazón transforma la manera en que te relacionas con tus hijos.

Me encantan esos momentos que paso con ellas, reavivan ese fuego que me hace buscar cómo ser mejor esposo, mejor padre, mejor pastor.

En nuestra sociedad Dios ha instituido ambientes en que nuestros hijos pueden aprender y crecer fortaleciéndose. Pero el hogar sigue siendo la fuente principal de la verdad, el amor y la dirección. Como padres, tenemos el papel más importante en la vida de los hijos.

A lo largo de sus años de formación, los hijos instintivamente les harán a sus padres dos preguntas cruciales. Tal vez no las digan con estas palabras exactamente, pero sus corazones anhelan que los padres les respondan dos cosas: "¿Quién soy?" y "¿Qué es lo que verdaderamente importa en la vida?". Al nivel que respondamos bien a estas preguntas será al nivel que nuestros hijos crecerán saludables emocional, espiritual y relacionalmente.

En esos viajes a la escuela cada mañana, cuando mis hijas bajan del auto para comenzar su día, siempre les digo lo mismo: "Sean líderes, no seguidoras, en este día. Las amo".

Hoy, viven de pie sobre esas palabras. Cuando no saben hacia dónde ir, o qué hacer, me dicen que recuerdan lo que les digo. ¡Los padres tenemos un poder asombroso!

Cuando vemos la vida de Jesús, observamos un maravilloso ejemplo de las palabras de afirmación pronunciadas en un momento de transición en la vida de un hijo. Mateo nos relata el momento en que Juan el Bautista conoció a Jesús en el Jordán:

Después del bautismo, mientras Jesús salía del agua, los cielos se abrieron y vio al Espíritu de Dios que descendía sobre él como una paloma. Y una voz dijo desde el cielo: "Éste es mi Hijo amado, quien me da un gran gozo". Mateo 3:16-17 (NTV)

Fue un momento decisivo en la vida de Jesús. Estaba a punto de embarcarse en Su misión para rescatar al mundo, pero primero necesitaba oír la aprobación de Su Padre. En ese momento, Su Padre detuvo todo en los cielos, para hablarle a su Hijo.

¿Cuál fue el mensaje del Padre? Habló palabras de amor y aprobación que le dieron a Su Hijo confianza para el futuro. En una sola declaración, el Padre le dijo a Jesús quién era Él, y le comunicó lo que sentía Su corazón. Ese es un bello ejemplo de lo potentes que son las palabras del padre o la madre en la vida de un hijo. Todos los hijos viven para oír lo mismo de sus padres.

Cuando les hablamos a los hijos, hay tres cosas importantes que necesitan oír. Tenemos que decirlas con frecuencia, con claridad, con potencia. Son:

- "Te amo"
- "Estoy orgulloso de ti"
- "Eres sobresaliente en…"

Decir "Te amo" una sola vez, no basta. Ni en el matrimonio ni con los hijos. Los hijos son frágiles y necesitan toneladas de reafirmación, en especial cuando enfrentan dificultades en la vida. Tenemos que decirles eso con frecuencia, y decirlo bien. Cuando son adolescentes, tal vez se encojan de hombros o pongan mala cara si les dices cosas que les afirmen, mostrando tu aprobación. Pero eso no quiere decir que no estén escuchando, o que no les haga falta oírlo. Muchas veces, es ese el momento en que más lo necesitan. Porque los adolescentes enfrentan las pruebas más grandes de sus vidas, tanto en casa como en la escuela. Su tarea consiste en entender quiénes son, hacia dónde van y con quién quieren pasar el resto de su vida. Tal vez aparenten que no quieren oír nuestras palabras de amor y aliento, pero en realidad sí las quieren oír. Porque te miran y te toman como ejemplo, como inspiración y como modelo. Lo que dices les inspira a tratar de alcanzar las estrellas, a ser héroes, para sí mismos y para los que tienen alrededor.

Sin embargo, tus palabras deben ser con sinceridad. Si finges, será peor que si no dijeras nada. Si no logras encontrar una virtud para destacarla en el carácter de tus hijos, pasa tiempo con ellos y pregúntales sobre su mundo. Cuando te respondan, pídele a Dios que te muestre dónde es que necesitan más de tu aprobación. Solo tienes que buscar el lugar. Luego, pronuncia palabras que impartan tu fe, tu entusiasmo, mostrándoles que crees en ellos con todo el corazón y confía en que Dios penetrará hasta el corazón más resistente.

> **Pídele a Dios que te muestre dónde es que necesitan tu aprobación.**

Los sicólogos han identificado etapas en el desarrollo humano, desde la infancia hasta la ancianidad. Los puentes que hay entre una etapa y la siguiente son "ritos transicionales", momentos en que el niño siente inseguridad y vulnerabilidad. Si los padres comprenden ese desafío, y la dificultad de la siguiente etapa en la vida de los hijos, podrán ayudarles a avanzar con valor para crecer. Tus hijos necesitan de tu afirmación en todo momento, pero en especial en estos momentos tan importantes. Necesitan que entres con confianza en sus vidas para decirles palabras de sabiduría, de seguridad y fe para su futuro. La Biblia afirma:

Dirige a tus hijos por el camino correcto, y cuando sean mayores, no lo abandonarán. Proverbios 22:6 (NTV)

Como habrás observado a lo largo de este libro, les debo mi vida a mis padres, que me inspiraron día tras día con sus palabras y su ejemplo, para que fuera un hombre mejor. Me animaron a soñar en grande, a trabajar duro para que esos sueños se hicieran realidad, a amar a los demás con amor sincero y a ser fiel a mi familia, siempre.

Eso no quiere decir que dudaran cuando tenían que decirme verdades duras, cuando era necesario que lo hicieran para inspirarme. Cuando estaba en la pandilla, necesitaba una visión para mi vida. Y mis padres podían verlo. Tenían un guión para mi vida, pero yo necesitaba sus palabras y su visión para poder encontrar el camino a su realización.

Nunca olvidaré el día en que papá fue a buscarme después de la escuela. Fue en su camioneta de trabajo, y me habló como solo puede hacerlo un padre. Camino a casa estacionó la camioneta frente a un cementerio. Me pareció raro. Entonces, me miró y me dijo:

—Sergio, ¿qué ves?

—Un cementerio —le dije.

—¿Y qué hay en el cementerio?

—Gente muerta, papá. ¿Qué más puedes ver en un cementerio? —afirmé con sarcasmo.

—¿Cuándo murieron? —me preguntó.

—No lo sé. Lo dicen las lápidas —respondí con tono de frustración.

—No —dijo él—. La mayoría murió mucho antes que esa fecha.

Hizo una pausa y luego me dijo una verdad que todavía recuerdo hasta este día:

—Sergio, si no tienes visión para tu vida, ya estás muerto.

Esa conversación con mi padre levantó el techo que había sobre mi vida. Sus palabras me dieron la visión que me faltaba y me inspiraron para que dejara la pandilla y creyera que había nacido para más que eso. Nuestra conversación no fue una casualidad. Papá la había estado planeando desde hacía rato.

A veces, sentimos la tentación de decir que no podemos inspirar a nuestros hijos porque nuestros padres fueron estrictos o distantes. El ejemplo que das es la herramienta de enseñanza más poderosa. Pero cuando estemos delante de Dios, Él no va a preguntarnos qué tipo de ejemplo fueron nuestros padres. Nos va a preguntar, qué tipo de ejemplos fuimos nosotros para nuestros hijos.

Incluso si en tu familia ha habido divorcio, adicción o ira, o cualquier otro problema durante generaciones, hoy es el día en que puedes romper el devastador ciclo del pasado, empezando un nuevo modelo para tus hijos, para los hijos de tus hijos y para las generaciones que vendrán.

El ejemplo que das, es la herramienta de enseñanza más poderosa.

Empieza por evaluar sinceramente tu relación con tus hijos. No los culpes, no culpes a tus padres, no culpes a tu cónyuge. Asume la responsabilidad de tu actitud y tu conducta y decide que transformarás tu corazón hacia Dios y hacia tu familia. Ellos te necesitan. Si te paras en la brecha y les das el ejemplo a seguir, ellos te seguirán. Sé un héroe para ellos hoy y observa cómo ellos también llegan a ser héroes para ti.

TRANSFORMANDO LOS CORAZONES DE OTROS

Complementa esta lectura viendo la novena parte
del videomensaje especial del pastor Sergio titulado:
Transformando los corazones de otros

Visita www.sergiodelamora.com/heartrev

33

Nunca olvides de dónde viniste

Quien olvida de dónde viene, olvida su propósito.

—Anónimo

En la Iglesia Cornerstone de San Diego, cada asiento desocupado representa un corazón vacío que Dios quiere llenar. Para nosotros, cada asiento vacío representa un monumento que nos recuerda nuestro compromiso de "transformar los corazones de jóvenes y familias". Eso se debe a que cada uno de nosotros, y me incluyo, recuerda lo que sintió al asistir a la iglesia por primera vez para sentarse en una silla vacía. Es lo que mantiene nuestros corazones apasionados con Dios.

En efecto, en nuestra cafetería conservamos una silla de plástico verde, que usábamos en nuestros primeros servicios en la Preparatoria Hilltop, que sirve como recordatorio constante de nuestros inicios. Cada uno de mis pastores asistentes y de las personas de nuestro personal en algún momento se ha sentado en esa silla de plástico verde y allí tomó la decisión de transformar su corazón a Cristo. La silla está allí para recordarnos que no importa cuánto hayamos avanzado en nuestro camino con Dios, jamás olvidaremos de dónde venimos. Mientras haya asientos vacíos seguirá habiendo corazones por cambiar. La evangelización fluye por nuestras venas, en nuestra sangre y es parte de nuestra vida porque luchamos por nunca olvidar lo que se siente cuando uno necesita ser rescatado. Lo que mantiene vivo el latir de esta revolución es nuestra sed por ver más almas salvadas para el reino de Dios. Por eso planeamos estratégicamente más de diez campañas evangelísticas al año.

Cuando empezamos a ver los efectos de la economía en nuestro presupuesto anual fueron las campañas evangelísticas y el presupuesto de publicidad lo que fue afectado. En mi tiempo de oración le pedí a Dios una estrategia divina para seguir alcanzando a los no salvos sin un presupuesto para publicidad. Dios me presentó un desafío: "Sergio, en tu iglesia, cada semana tienes gente que trabajará en ello. Dales la comisión y haz un servicio especial de invitar a un amigo".

En inglés, lo llamamos un servicio BYOB [Bring Your Own Buddy] o "Trae un amigo".

Nuestra iglesia puso manos a la obra de inmediato, llevando adelante la campaña que invitaba a todos a traer a cinco amigos al servicio. Era un desafío para nuestra iglesia asumir la responsabilidad del crecimiento de la casa de Dios. Cuando veíamos nuestro santuario empezamos a ver que cada silla vacía representaba un corazón vacío.

Eso cambió radicalmente la forma en que nuestra congregación consideraba la idea de invitar a sus amigos. Ya no lo veíamos como método para llenar la iglesia y que oyeran un mensaje. Nos hizo recordar lo que se sentía al tener el corazón vacío. Nuestros servicios eran más grandes porque nuestros corazones habían crecido también. La iglesia comenzó a ver que teníamos la responsabilidad diaria de ganar almas.

Los principios de una de mis historias favoritas de la Biblia me llevan a no olvidar jamás que la mayor responsabilidad de un revolucionario es amar a las personas para devolverles la vida; se trata de la famosa historia del buen samaritano. Para que entendiéramos que Dios nos ama a todos y en especial a los marginados, Jesús relata la historia de un hombre al que habían golpeado, robado y dado por muerto, y al que un marginado le salvó la vida:

> **Recuerda lo que se sentía al tener el corazón vacío.**

> Cierto hombre bajaba de Jerusalén a Jericó, y cayó en manos de salteadores, los cuales después de despojarlo y de darle golpes, se fueron, dejándolo medio muerto. Por casualidad cierto sacerdote bajaba por aquel camino, y cuando lo vio, pasó por el otro lado del camino. Del mismo modo, también un levita, cuando llegó al lugar y lo vio, pasó por el otro lado del camino. Pero cierto samaritano, que iba de viaje, llegó a donde él estaba; y cuando lo vio, tuvo compasión, y acercándose, le vendó sus heridas, derramando aceite y vino sobre ellas; y poniéndolo sobre su propia cabalgadura, lo llevó a un mesón y lo cuidó. Al día siguiente, sacando dos denarios, se los dio al mesonero, y dijo: "Cuídalo, y todo lo demás que gastes, cuando yo regrese te lo pagaré". Lucas 10:30-35 (LBLA)

Dios usó este relato en mi vida para revelarme cinco compromisos del corazón que han mantenido en mí el enfoque en rescatar a otros. Veamos estos compromisos para poder seguir produciendo esta revolución alrededor de nosotros.

• **Un compromiso del corazón de nunca olvidar el dolor que sentíamos cuando nos devolvieron la vida.**

Todos tenemos una historia que contar sobre cómo nos rescató Dios. En muchos casos, nos encontró en las mismas condiciones en que estaba ese hombre: heridos, dolidos y solos. Recordar el dolor y lo que sentíamos cuando nos rescató de situaciones de las que no podíamos salir nosotros mismos, nos permite identificarnos con los que hoy necesitan de Su rescate.

Pero como Cristo nos redime, restaura y nos hace completos, sería fácil olvidar lo desesperados que estábamos. Cuando recordamos el dolor que teníamos antes de ser rescatados —no porque nos guste quedarnos en nuestro pecado sino porque eso nos mantiene conscientes de la profundidad de la gracia divina—, permitimos a Dios para que nos mande a los perdidos, los heridos y los quebrantados porque Él sabe que cuidaremos de ellos. Sabe que no nos iremos, ni ignoraremos su dolor. Él sabe que no los abandonaremos, que somos parte de la respuesta. Sabe que mantendremos un corazón humilde ante Él y los demás, sin permitir que el orgullo se interponga en el camino del milagro para esa otra persona. Y lo sabe porque recordamos lo que sentíamos cuando Él nos rescató.

• **Un compromiso del corazón de hacer que el transformar los corazones de otros sea nuestro negocio.**

El momento en que transformamos nuestro corazón, recibimos una nueva vocación en la vida. Nos unimos a Dios en la tarea de ganar almas. Nuestra tarea principal es evangelizar: en el trabajo, en la escuela y en la casa. Dios es nuestro socio en esa tarea y nos recuerda que hemos sido rescatados de modo que ya no podemos ser solo espectadores del dolor del prójimo. Nos ha rescatado para ser libertadores. El sacerdote y el ayudante del templo tenían el llamado y el conocimiento para liberar al quebrantado, al pobre y al que sufría. Sin embargo respondieron evadiendo el problema en vez de involucrarse. Dios te ha dado autoridad para transformar corazones, pero de ti depende que lo uses. Eres la respuesta para tu comunidad. Eres la respuesta en tu lugar de trabajo. Eres la respuesta en tu escuela o la universidad. Tú eres la respuesta. Cuando haces una decisión del corazón de amar a la gente para devolverles la vida siempre tendrás el desafío de involucrarte personalmente con aquellos que Dios te ha llamado a liberar.

Me ha enviado a sanar los corazones heridos, a proclamar liberación a los cautivos y libertad a los prisioneros. . . Isaías 61:1 (NVI)

- **Un compromiso del corazón a ser emocional y espiritualmente movido con compasión por el dolor de otros.**
La compasión es la fuerza más poderosa que hay en la tierra. Te hará amar a quien nadie ama y a hacer lo impensable. Te llevará a cargar con el peso de otros, hasta que los veas tener victoria. El samaritano sintió compasión por un hombre a quien no conocía, al punto de vendar sus heridas y cuidar de él, como si fuera su propia sangre. Su compasión y su generosidad se revelaron cuando hizo más que solo ver cómo sufría el prójimo. Nuestros corazones, llenos de compasión, nos mueven de *solo ir a la* iglesia *a convertirnos en la* iglesia. Cuando nos armamos de compasión, Dios nos confía lo más valioso que tiene: las almas.

- **Un compromiso del corazón a arriesgar nuestra reputación y dejar la comodidad.**
El corazón que busca rescatar a otros no conoce límites. No hay fronteras que el amor y la compasión no puedan cruzar para ver las heridas de otros sanar. Cuando el dolor y el llanto de quien sufre nos llega al corazón no hay percepción, opinión o precio que nos parezca demasiado como para sanar al otro. El buen samaritano podría haberse alejado, pero se arriesgó a sufrir el ridículo, la burla y el castigo porque no podía ignorar lo que veía y sentía. Si hubiera dudado para pensar en lo que podrían opinar los demás, antes de actuar, lo más probable es que pasara de largo y siguiera su camino. La realidad es que cada oportunidad perdida puede representar una eternidad perdida. Todos queremos ir al cielo pero, ¿qué estamos haciendo para llevarnos más y más personas con nosotros? Los que sufren necesitan más que una mirada al pasar. Necesitan saber que hay personas que han sido rescatadas y que lo arriesgarán todo ahora, para rescatarlos a ellos. Si lo arriesgamos todo, la recompensa serán preciosas vidas y preciosos corazones, transformados hacia Dios:

> Mis amados hermanos, si alguno de ustedes se aparta de la verdad y otro lo hace volver, pueden estar seguros de que quien haga volver al pecador de su mal camino salvará a esa

persona de la muerte y traerá como resultado el perdón de muchos pecados. Santiago 5:19-20 (NTV)

• **Un compromiso del corazón de usar nuestros recursos para restaurar a otras personas a la vida.** Siempre es costoso adoptar el corazón de Cristo por los demás. Amar a los demás para restaurarlos a la vida siempre nos presentará el desafío de usar nuestros recursos — tiempo, dinero y posesiones—, para ayudar al que está en necesidad. El samaritano usó su aceite, su vino y su tela para vendar las heridas del hombre. Las monedas que le dio al mesonero alcanzaban para alojar al enfermo durante dos semanas. Incluso prometió volver para pagar la diferencia si el costo era superior. Nada nos indica que dio todas esas cosas con resistencia. Más bien, salió francamente de su corazón.

Cuando damos con generosidad, como el samaritano, nuestros recursos le permiten a Dios usar todos los caminos y las oportunidades posibles para llegar a los que están perdidos. Nuestros recursos le dicen a Dios que tomamos en serio la misión de ocuparnos de los demás porque toda ofrenda, toda conversación, todo acto de generosidad, toda acción despojada de egoísmo abre las compuertas de la sanidad y la restauración.

Una de las mentiras más grandes que hoy acosan a los creyentes es la que dice que en el reino de Dios nuestros recursos no tienen importancia. Sin embargo, vemos en la historia del buen samaritano el valor que tienen nuestros recursos en las vidas de las personas a las que Dios anhela rescatar. Tienes que saber que tus recursos sí le importan a Dios porque afectan las vidas de quienes más los necesitan. De hecho, tu sacrificio es tan importante para Dios que te dice lo mismo que el samaritano le dijo al mesonero. Te devolverá en abundancia todo lo que siembres para rescatar a los que están perdidos. La Biblia declara que lo que des hoy, va hacia tu futuro con la promesa de un retorno mucho más grande que lo que podrías imaginar o esperar:

Respondió Jesús: "Les aseguro que todo el que haya dejado casa o hermanos o hermanas o madre o padre o hijos o bienes por mi causa y por la Buena Noticia recibirá ahora a cambio cien veces más el número de casas, hermanos, hermanas, madres, hijos y bienes. . ." Marcos 10:29-30 (NTV)

En efecto, la verdad es que no podemos dar más de lo que Dios ha dado porque Él fue quien pagó el precio supremo por rescatar a los que sufren, a los quebrantados y a los rechazados. Por eso, únete a mí ahora y declara que tú y yo haremos nuestra parte para ser la respuesta para alguien más. Asumamos juntos estos compromisos del corazón de amar a las personas para restaurarlas a la vida y dar inicio a una revolución en esta generación. Debes creer que tú eres la respuesta que el mundo ha estado esperando.

34

Compasión en acción

Si Cristo vive en nosotros, controlando nuestras personalidades, dejaremos huellas gloriosas en las vidas que toquemos. No porque nuestro carácter sea precioso, sino porque el suyo sí lo es.

—Eugenia Price, novelista y activista estadounidense

¿Alguna vez oíste lo que te parece que es la voz de Dios, para luego pensar: "Esto no puede venir de Dios"? El pasado Día de la Madre, fue eso exactamente lo que pensé cuando oí que Dios me decía: "Sergio, quiero que le regales un auto nuevo a una mamá necesitada este Día de la Madre". Recuerdo haber pensado: "No puede ser Dios quien me dice que haga esto. Es una locura". Ya estábamos preparados para regalarles flores a todas las mamás el domingo por la mañana, como lo habíamos hecho los últimos cinco años. Aparté la idea de mi cabeza, pero no la podía sacar de mi corazón.

A menos de dos semanas del gran día empezamos a finalizar los detalles durante nuestra junta de personal de cada semana, preparándolo todo para el festejo de las madres. Teníamos todo listo, con cada detalle en su lugar. Pero sabía que estaba oyendo la voz de Dios, y no me estaba diciendo que regalara flores. Me decía que regalara un auto nuevo.

Sentado allí durante la reunión, oí que la voz de Dios me habló de nuevo al corazón: "Sergio, quiero ayudar a una madre. Quiero darle un auto nuevo para aliviar su carga". Detuve la reunión y dije: "Tenemos que regalar un auto para el Día de la Madre".

Todos me miraron pasmados por un instante, y entonces se entusiasmaron, pensando en cómo lo haríamos. En los próximos quince minutos planificamos, organizamos y preparamos un concurso de ensayos para que los niños escribieran por qué sus mamás merecían un auto. Lo único que faltaba era el vehículo. Me levanté y enseguida fui a las concesionarias locales para presentarles nuestro caso. Recorrí varias, tratando de que donaran un auto, aunque fuera usado. Pero todos contestaban lo mismo: "Es una linda idea, pero está loco si quiere regalar un auto en momentos económicos como este". Y uno de ellos hasta me dijo: "Lo que usted quiere hacer es imposible. No habrá forma de lograrlo". Pero yo no iba a permitir que le dijeran que no a Dios. Estábamos en esta para ganar.

La noche siguiente en nuestro servicio de entre semana, le anuncié a la iglesia lo que Dios nos había dicho que hiciéramos. La respuesta fue fenomenal, sobrecogedora. Una de las cosas más hermosas que he visto en mi iglesia a lo largo de los años es esa generosidad que da hasta que duele. El amor de Cristo ha cautivado sus corazones y siempre están dispuestos a ayudar cada vez que ven que alguien lo necesita. La acción movida por la compasión es algo que se ha incrustado en la cultura de nuestra iglesia. No se quedan sentados cuando ven una necesidad. Más bien, siempre buscan sembrar una semilla que pueda cubrir esa necesidad. Y este Día de la Madre no fue la excepción.

Por la increíble generosidad de nuestra iglesia no hubo necesidad de que nos donaran un auto, pudimos comprar un auto nuevo el cual se pago en efectivo. No había nadie sin lágrimas en los ojos la noche en que leímos la carta ganadora que era la de una mamá cuya hija había sido asesinada un año antes, solo pocos días después del de las madres. Ahora, criaba a los hijos de su hija y no tenía cómo llevar a sus hijos y nietos a la escuela, al mercado, a consultar al médico o, incluso, a visitar la tumba de su hija. Todos lloramos mientras nos dio las gracias una y otra vez. Fue una noche histórica para nosotros como familia en la iglesia, porque el latido de Dios hacía eco a través de Sus palabras y penetraba nuestros corazones. Su compasión había invadido los corazones de nuestra iglesia una vez más, y como resultado, la vida de una familia jamás volvería a ser como antes.

La acción movida por la compasión se ha incrustado en la cultura de nuestra iglesia.

Cuando permitimos que nuestros corazones actúen movidos por la compasión, nos acercamos más a Cristo, y nuestros corazones van pareciéndose cada vez más al Suyo. Llegamos a la convicción de que transformar los corazones de los demás es responsabilidad nuestra. Muchas veces vemos situaciones en personas que nos parten el corazón y sentimos pena por ellos, pero es más bien la *empatía* la que nos hace pasar de la emoción a la acción. El sentir pena por alguien nos permitirá sentir compasión de lejos, pero no nos motiva a dar un paso adelante y hacer una diferencia. La empatía no nos deja quedarnos quietos, observando. Nos hace sentir el dolor del corazón adolorido al punto de que no podemos evitar hacer algo. La Biblia dice que no solo podemos decir que amamos a los demás. Tenemos que actuar:

> Si alguien que posee bienes materiales ve que su hermano está pasando necesidad, y no tiene compasión de él, ¿cómo se puede decir que el amor de Dios habita en él? Queridos

hijos, no amemos de palabra ni de labios para afuera, sino con hechos y de verdad. 1 Juan 3:17-18 (NVI)

Hace años, cuando Dios puso en mi corazón el deseo de iniciar una iglesia, me reuní con un viejo amigo en Santa Bárbara y le conté sobre mi visión. Me miró y dijo: "Sergio, si realmente quieres ayudar a la gente necesitas dos cosas: un gran corazón y una gran billetera. No puedes ayudar de veras a nadie si no tienes las dos cosas". Después de una década como pastor de la Iglesia Cornerstone, he llegado a la conclusión de que lo que me dijo es cierto.

Es indispensable mantenernos conectados con las necesidades emocionales, espirituales y materiales de la gente, abriendo nuestros corazones. El amor de Dios que actúa en nuestras vidas, trae sanidad a otras personas.

Una de las tragedias más grandes es cuando una persona se olvida de dónde Dios lo ha traído y ha perdido de vista su misión en la vida de transformar los corazones de otros. He conocido a muchos creyentes que pasan todo su tiempo en una linda comunidad cristiana, y van a los lindos eventos cristianos rodeados de linda gente cristiana. Sin darse cuenta, han creado un club espiritual.

Para rescatar a los perdidos, la actitud tiene que ser otra: "tome lo que tome o cueste lo que cueste". Hoy te desafío a asumir esa actitud de "tome lo que tome o cueste lo que cueste", en términos de lo que se necesite hacer para alcanzar a los que estén en necesidad. Esa perspectiva te compromete a levantar tu voz por los que no pueden defenderse: los adictos, los que son víctimas de abusos, los que sufren y están afligidos.

Fue esta perspectiva la que causó una revolución en el corazón de nuestra iglesia para empezar un ministerio que llamamos Voz: el brazo compasivo de Cornerstone, que se enfoca en la justicia social y la liberación espiritual. Esta es la manera en que nosotros como iglesia somos capaces de responder al clamor de nuestra generación, alcanzando a los que no tienen techo, a la comunidad en general, y a los que necesitan un centro de rehabilitación. Nuestras casas de restauración, ayudan a hombres y mujeres que inician el camino hacia una vida limpia, sin vicios y transformada. Voz es un ministerio nacido en base a una Escritura de la Biblia que le presentó a nuestra iglesia el desafío de poner en acción nuestra compasión:

"¡Levanta la voz por los que no tienen voz! ¡Defiende los derechos de los desposeídos! ¡Levanta la voz, y hazles justicia! ¡Defiende a los pobres y necesitados!" Proverbios 31:8-9 (NVI)

Si los que anhelan ser rescatados pudieran hablar, ¿qué dirían? ¿Cómo se vería eso? Supongo que la demografía sería similar a lo que hizo que Jesús bajara del cielo, cargara la cruz por nuestros pecados y fuera crucificado hace más de dos mil años. Sería una generación con esperanzas de encontrar el modo de lograr que sus matrimonios funcionaran, cómo formar a sus hijos, cómo cuidar a sus enfermos o padres ancianos. Una generación que supiera cómo progresar en el trabajo en tiempos difíciles y que pudiera librarse del peso de las deudas que los agobian. Sería una generación que tratara de hacer que las piezas de su vida tomaran forma, a veces, por primera vez o quizá, después de varios intentos. Mientras tanto, viendo que en tu vida hay una revolución, preguntándose cómo podrían encontrarla para sí mismos.

Levanta tu voz por los que no pueden defenderse.

Cuando empezamos a trabajar para ayudar a los que están en necesidad, Dios comparte con nosotros lo que hay en Su corazón y empezamos a sentir lo que siente Él. Y como Él, nos regocijamos con el que se regocija, y sufrimos con el que sufre. Nosotros, también quebrantados pero redimidos, tenemos ese maravilloso privilegio de representar al Dios del universo ante la gente que conocemos. En todo momento en que Dios nos usa para encender la llama de la *revolución del corazón* en la vida de otra persona, estamos sintiendo el latido mismo del corazón de Dios.

En un artículo que escribió hace décadas, "La vida emocional de nuestro Señor", el doctor B. B. Warfield observaba que la emoción más común en la vida de Jesús, y que identificaron los autores de los evangelios, es la compasión. Más que cualquiera de las demás emociones juntas. La compasión nos permite tomar parte del carácter de Jesús y ser más como Él. Y cuando Él cautiva nuestros corazones, Su amor fluye libremente, de nosotros hacia los demás.

35

Sed de justicia

Hoy, ve si puedes extender tu corazón y extender tu amor para que llegue no solo a aquellos a quienes les puedes dar fácilmente, sino también a aquellos que lo necesitan tanto.

—Daphne Rose Kingma, escritora

A medida que nos acercamos más a Cristo y entendemos más de Su corazón y Sus propósitos, empezamos a ver cada vez más y más como en Él la gracia y la justicia están bellamente entrelazadas. El profeta Isaías nos dice que cuando Dios vio la opresión de Su pueblo, "Le desagradó descubrir que no había justicia" (Isaías 59:15). A lo largo de las Escrituras, vemos que tanto el Padre como el Hijo, tenían sed de justicia.

Cuando Jesús vio que los líderes religiosos impedían que la gente fuera sanada, se enojó. Cuando entró en el templo y vio que se había convertido en una cueva de ladrones donde la gente quería hacer dinero en vez de alabar al Padre, Se enfureció. Estos actos de injusticia le enojaron e impulsaron a actuar por la justicia de manera drástica. Hoy en día, Él quiere que tengamos el mismo impacto radical en nuestra generación cuando vemos injusticias. Cuanto más estamos en sintonía con el corazón de Dios, tanto más nos sentiremos quebrantados y enojados ante la injusticia, como sucedió con Jesús. El ver a una persona víctima de la injusticia producirá en nosotros el mismo tipo de emoción que surgió en Cristo: la ira justa. Muchos le temen y les resulta difícil pensar en la ira —cualquier ira— como algo bueno, procedente de Dios y sin embargo, la ira que Jesús expresó no solo es buena sino también necesaria para quienes siguen Sus pasos. Esta ira es diferente al tipo de ira que vemos hoy en todas partes. La ira justa no se descontrola y no es egoísta. La ira ante la injusticia es justa y necesaria, pero sólo si está en línea y equilibrada con el amor de Cristo. El profeta Miqueas describió esta mezcla:

> El te ha declarado, oh hombre, lo que es bueno. ¿Y qué es lo que demanda el Señor de ti, sino sólo practicar la justicia, amar la misericordia, y andar humildemente con tu Dios? Miqueas 6:8 (LBLA)

En pocas palabras, la justicia sin misericordia es como la ira sin propósito. Es la misericordia la que modera la justicia y nos impulsa a tomar medidas contra la injusticia. Pero no pases por alto el otro componente necesario expuesto en el mensaje de Miqueas. No podrá salir misericordia o justicia de nuestros corazones, a menos que primero humildemente confiemos en que Dios nos cambie.

A medida que el amor y el perdón de Dios nos dan mayor humildad, tanto más podemos sentir por todos aquellos por los que murió Jesús. Cuando ves que tienen problemas,

La ira justa de la que Jesús fue modelo no es solo justa sino necesaria.

vas a querer ayudarles de inmediato porque vives la nueva naturaleza que se ha desarrollado como resultado de que tu corazón ha experimentado una revolución.

Nuestro anhelo de justicia tiene origen en el absoluto compromiso de Dios por hacer que la justicia reine en la tierra a través del sacrificio de Su Hijo. Es solo a los pies de Jesucristo que se satisface nuestra sed de justicia. La justicia no es algo secundario para Dios, sino más bien, parte de Su naturaleza misma. Fue Su sed de justicia lo que movió al Padre a enviar a Su único Hijo para rescatar a la humanidad perdida, que sufría, con el fin de restaurar la relación entre Él y toda la humanidad. La justicia fluye del corazón de Dios, y a través de la *revolución del corazón*, vemos que empieza a fluir de nosotros hacia nuestras relaciones.

Recuerdo a una familia que entró a nuestra iglesia, sufriendo quebranto. Ir a la iglesia era su última esperanza. Es más, ya habían presentado los papeles de divorcio y tenían todo empacado en casa. Cuando entraron al santuario, la adoración hizo lo que las palabras no habían logrado. La presencia de Dios empezó a romper con años de dolor, de modo que cuando terminó el servicio toda la familia estaba llorando.

La justicia no es algo secundario para Dios, sino más bien, parte de Su naturaleza misma.

Años después, el esposo me dijo: "No sé qué pasó. Cuando entré estaba muy enojado pero mientras estaba allí, algo cambió. No puedo explicarlo. Solo sé que por primera vez sentí que estaba bien con Dios y en lugar de estar enojado con mi esposa, solo quería estar bien con ella también". En lugar de querer devolver mal por mal, decidieron arreglar las cosas. Este cambio hizo que siguieran casados y empezaran a resolver problemas que durante mucho tiempo no habían solucionado. Hizo falta mucha valentía para creer que la justicia por todas las ofensas cometidas había sido satisfecha ya en la cruz. Finalmente, ya no estaban atados a un círculo vicioso de venganza.

En vez de presentar excusas, empezaron a presentar disculpas. En lugar de acusar, empezaron a perdonar. En vez de apartarse, decidieron quedarse juntos. Aunque llevó tiempo sanar las heridas del pasado, ese matrimonio al fin venció los años de dolor, de traición y de ofensas. La decisión que tomaron de arreglar las cosas cambió el rumbo de su matrimonio, y sanó a toda la familia.

Con los años, he descubierto que a veces, la razón por la que nos cuesta responder ante la injusticia es, sencillamente, que todavía no hemos entendido del todo el precio que pagó Jesús por nuestro perdón. La Biblia nos dice que cuando nos cuesta entender que hemos sido perdonados en todo, también nos cuesta extender el amor de Dios hacia los demás.

> ...una persona a quien se le perdona poco, demuestra poco amor. Lucas 7:47 (NTV)

Sin embargo, cuando nuestros corazones se revolucionan ante la profundidad del perdón y del amor de Dios, cambiamos de adentro hacia fuera, como sucedió con ese matrimonio.

En nuestra sociedad, nuestras casas y nuestros corazones, la injusticia corre a rienda suelta si el desorden y la falta de equilibrio reinan. En medio del desorden, el amor de Dios, que es la luz de nuestros corazones, se opaca. Cuando vemos gente que sufre y no respondemos, esa luz se opaca. Si les decimos palabras hirientes a nuestro cónyuge o a nuestros hijos, esa luz en nuestro hogar se opaca y cuando nos mentimos, o evitamos hablar de los problemas y conflictos que representan un peligro en nuestras relaciones, la luz se opaca aun más. Jesús dijo:

> Yo soy la luz del mundo. Si ustedes me siguen, no tendrán que andar en la oscuridad porque tendrán la luz que lleva a la vida. Juan 8:12 (NTV)

Vivir con la convicción de la verdad, la justicia y la gracia trae a nuestras relaciones, hogares y vidas esa luz de la justicia. La justicia yace en extender la mano y el corazón hacia el que necesita y en nuestro compromiso de pasar tiempo en casa con nuestros hijos. En términos prácticos, la justicia es algo tan básico como la decisión de amar a los demás sin que importe su condición, eliminando las palabras hirientes de nuestro vocabulario relacional o decidiendo que seremos obedientes en lo económico al dar el diezmo. La mayoría de las veces, la justicia está en esas cosas pequeñas que hacemos al responder ante el mundo. Sin embargo, su impacto no es para nada pequeño. Empieza hoy a ver tu papel en *la revolución del corazón*, como el que ha sido comisionado por el Justificador para traer justicia a un mundo injusto.

36

Evangeliza: alcanza a los perdidos, cueste lo que cueste

Dios nos libre de juzgar a los demás sintiéndonos superiores, que haga de nosotros misericordiosos medios de salvación y libertad en Cristo, dondequiera que vayamos.

—Pastor Jim Cymbala

Todos los años, miles de familias participan en nuestra campaña de Pascua, que incluye la búsqueda de huevos. Y cada año hay más y más niños que vienen a llenar sus bolsas y canastitas con huevos. Como iglesia y como comunidad, es algo maravilloso, y lo esperamos con entusiasmo. Los campos se cubren de cientos de padres y niños que esperan su oportunidad de correr y encontrar tantos huevos como sea posible.

Jamás olvidaré el año en que tuvimos temor, como nunca antes. Vino una mamá y le gritó a uno de los líderes, desesperada: "¡No encuentro a mi hijo! ¡Perdí a mi hijo!".

Fue como si se detuviera el tiempo unos instantes, hasta que registramos sus palabras. Recuerdo haber mirado el campo y al ver lo que me parecía miles de niños allí, pensé: "¿Cómo vamos a encontrar a su hijo, con tantos niños?".

De inmediato, nuestro equipo entró en acción y le devolvieron al niño en minutos. Tenía la boca llena de dulces, y ni siquiera había captado el pánico que había sentido su madre. Con lágrimas en los ojos, aliviada, la mujer empezó a decirles a todos: "¡Lo encontré! ¡Y está bien!".

Pensé en esa madre muchas veces a lo largo de los años, allí en la iglesia, mientras rogaba que la gente transformara sus corazones a Jesucristo. Recuerdo la desesperación de su voz cuando gritaba pidiendo que alguien la ayudara a encontrar a su hijo perdido. Imagino que es la misma desesperación que siente una madre o un padre cuando le ruegan a Dios por el hijo o la hija que han perdido en una adicción, o la desesperación de un cónyuge que llora pidiéndole a Cristo por su esposo o esposa, que se han desviado. Es la misma desesperación del adolescente que acude al Salvador, porque su padre o su madre le abandonaron.

Jesús vino aquí, en una misión de búsqueda y rescate.

Cuando se pierde un ser amado, lo único que nos importa es encontrarlo. El corazón del Padre se conmueve del mismo modo por los que se han perdido. De hecho, la Biblia dice que Jesús vino aquí, en una misión de búsqueda y rescate:

Pues el Hijo del Hombre vino a buscar y a salvar a los que están perdidos. Lucas 19:10 (NTV)

Todo lo que hizo Jesús fue con el propósito de rescatar a los perdidos porque sabía que estaban en juego sus destinos eternos. Todo lo que hizo durante su tiempo en la tierra estaba motivado y dirigido por Su realidad del cielo. Cuando te convences, como Jesús, de que los perdidos se perderán la oportunidad del cielo, es mucho mayor tu voluntad y disposición para pagar lo que sea con tal de llegar a ellos con el mensaje del perdón de Dios. Con gusto pagarás el costo físico, económico o relacional para llegar a los perdidos cuando está en juego la posibilidad de asegurar su eternidad con Él. Cuando lo que está en juego es el cielo, las líneas que separan a las comunidades desaparecen y no te importa ir donde viven los que están perdidos, sea en los suburbios o en los lugares más pobres, con tal de llevarles la esperanza de la eternidad.

En una de Sus parábolas, Jesús contó una historia de un banquete que nos da una visión del corazón del Padre por rescatar a los perdidos. Un hombre ofreció un gran banquete y mandó a su sirviente para que invitara a la gente. El amo de esta historia es un tipo, una sombra, de Dios. Y el banquete es la celebración por los que entran a Su reino. Como los invitados daban excusas para no ir, el amo le dijo al sirviente: "Ve rápido a las calles y callejones de la ciudad e invita a los pobres, a los lisiados, a los ciegos y a los cojos" (Lucas 14:21). El sirviente de inmediato dijo que ya había hecho eso, pero que todavía quedaba lugar para más gente. El amo le ordenó: "Ve por los senderos y detrás de los arbustos y a cualquiera que veas, insístele que venga para que la casa esté llena" (Lucas 14:23).

Observa cuál fue la actitud del amo. No quedó satisfecho con aceptar excusas. Insistió en que el sirviente hiciera lo que fuera con tal de llenar Su casa. Mandó a Su sirviente a "obligar" a la gente para que asistiera. La palabra "obligar" significa usar la fuerza, en este caso, literalmente llevar a rastra a los invitados al banquete.

Hoy, Jesús te dice lo mismo. Convence a tus amigos, familiares y seres queridos a ir a Su casa para que se llene. Hazlo usando el medio que sea necesario, para llevarlos a los pies de Jesús.

Para muchos, este es un concepto revolucionario; pero quiero recordarte a esa madre que convenció y obligó a varios desconocidos a que la ayudaran a encontrar a su hijo perdido. En este contexto, no te parece tan ridículo. La idea de no volver a ver a su hijo le hizo olvidar lo que era socialmente aceptable o políticamente correcto. Lo único que le importaba era encontrar a su pequeño.

De la misma manera, tenemos que pensar en la posibilidad de no ver a nuestra familia o a nuestros amigos en la eternidad, como la plataforma que nos lleve a hacer lo que sea con tal de llenar el cielo. Si fracasas en el intento, trata otra cosa. Si no logras impacto alguno con una manera de comunicarlo, busca un método diferente. No renuncies si se resisten a tu primera invitación. Invítalos una y otra vez.

No renuncies si se resisten a tu primera invitación.

A veces, lo que iniciará la *revolución del corazón* dentro de una persona es justamente saber que hubo alguien que no los abandonó. No saben cómo decirte que necesitan que les invites de nuevo. En muchas ocasiones, durante el llamado al altar que hacemos en el servicio, le he pedido a la iglesia que se dirijan a quien tienen sentado a su lado y les pregunten si necesitan ir hasta el altar para pedirle a Jesús que entre en sus corazones. En ocasiones, cuando el Espíritu Santo me ha movido a invitarlos no una, ni dos, sino tres veces, es porque está en juego su eternidad. Y muchas veces, los que no respondan al primer o segundo llamado, se levantarán del asiento finalmente y caminarán hacia el frente con lágrimas en los ojos, cuando se les invite una tercera vez.

Cuando se trate de llenar la casa de Dios, sigue invitando. Incluso si sientes incomodidad o nervios, sigue haciéndolo. Aunque no tengas todas las respuestas, sigue invitando. No sabes si tal vez esa persona lo único que necesite es solo otra invitación. Tal vez, lo único que la separa del cielo es una pregunta más.

Hace años oficié el funeral de un pandillero al que asesinaron. Observé la gente joven que llenaba la iglesia, jóvenes encerrados en una vida de la que no podían escapar. Se me partía el corazón al ver el dolor en sus ojos. No solo se lamentaban por la vida de su amigo, el hermano, el hijo o el compañero muerto. También lloraban por su propia vida, porque la realidad de su humanidad estaba frente a sus ojos. No negaban el hecho de que la vida y la muerte estaban siempre presentes. Uno por uno, pasaban sabiendo que podrían haber sido ellos mismos los que estuvieran en el ataúd esa noche.

El Espíritu Santo empezó a hablarme: "Sergio, tú puedes llegar a ellos. Sus corazones están sensibles al cambio. Pregúntales si me invitarán a entrar en sus corazones".

Fue la primera vez que oía al Espíritu Santo diciéndome que llamara a la gente al altar durante un funeral. Pero no fue la última. Cuando terminó el servicio funerario, miré las filas de asientos ocupados por pandilleros y dije: "Tal vez, no los vea nunca más, así que necesito hacerles una de las preguntas más importantes que les hayan hecho. Más importante que saber su origen o la pandilla a la que pertenecen. Tengo que preguntarles lo siguiente: Si murieran mañana, ¿despertarían en el cielo o en el infierno? Si no están seguros, quiero darles la oportunidad de arreglar las cosas con Dios, no importa qué hayan hecho, y sepan sin lugar a dudas que despertarán en el cielo".

Esperé unos segundos, sin saber qué pasaría. Poco a poco, fueron levantando las manos, hasta que casi todos los que estaban allí, levantaron la suya, por su salvación.

Esa noche, cientos de personas entregaron sus vidas a Cristo. Después de ese funeral, fui a casa maravillado ante lo que Dios había hecho en los corazones y en las vidas de aquellos a los que la mayoría considerarían gente inalcanzable.

Pasó menos de una semana y uno de los jóvenes que había entregado su vida a Cristo, murió asesinado. Su familia me contó el cambio que habían visto en el corazón de ese joven desde que recibiera la salvación y su deseo de apartarse para siempre de la vida de las pandillas. Su única paz estaba en saber que, sin duda alguna, lo primero que vería su hijo después de que lo asesinaran sería la belleza del cielo.

Cuando realmente creemos que está en juego la eternidad, nos vemos obligados, como el sirviente de la historia que contó Jesús, a hacer lo que sea por convencer a los que están perdidos para que transformen su corazón hacia Dios. Dios quiere que tú y yo salgamos en misión de búsqueda y rescate por los perdidos, para llenar el cielo. El latido mismo del cielo anhela rescatar a los que no son salvos. En tu vida hay gente a la que Dios quiere que invites, que convenzas, que persuadas de que vengan a Su casa, con un mensaje de esperanza. Lo único que necesitas es hacer la pregunta más importante de sus vidas.

¿El corazón de quien transformarás para Cristo en este día? El cielo está esperando.

REAVIVA EL FUEGO
PARA TU FUTURO

Complementa esta lectura viendo la décima parte
del videomensaje especial del pastor Sergio titulado:
Reaviva el fuego para tu futuro

Visita www.sergiodelamora.com/heartrev

37

Encontrando tu lugar
en la revolución

La pasividad no es una respuesta válida. Tenemos
que ser agentes activos, que forjemos el tipo de respuesta espiritual y relacionalmente auténtica.

—Richard Swenson, escritor y educador

Cuando sentí por primera vez que Dios me estaba man-
dando a iniciar una iglesia en San Diego, estaba seguro
de que quería que la congregación atrajera a los que
vivían en los suburbios de los ricos. Después de todo, yo había
vivido en Santa Bárbara, una de las comunidades más bellas y
prósperas del país. Naturalmente supuse que Dios quería que
nuestra nueva iglesia fuera un espejo de esa ciudad. Así que,
cuando Dios ubicó nuestra congregación en una escuela preparatoria de clase media, no estaba muy seguro de qué era lo que

estaba haciendo Él. Pero nunca dejé de ser obediente, incluso cuando nos dijo que nos mudáramos de esa comunidad de clase media y compráramos un cine de nueve salas en la ciudad de National City, un lugar que era conocido por la pobreza y el crimen. A principios de la iglesia, aunque seguía siendo obediente, todavía estaba descubriendo mi lugar en la revolución.

Un día, mientras le pedía a Dios que me diera dirección, claridad y sabiduría, Él me dijo: "Sergio, deja de ser el pastor *que quieres ser* y comienza a ser el pastor *que la comunidad necesita que seas*". Sabía exactamente a qué se refería. Para que yo fuera el pastor que Dios quería, y para que nuestra iglesia también lo fuera, tenía que volver a revolucionar mi corazón. No se trataba de lo que yo quisiera, ni de la visión que tuviera para la iglesia. Se trataba de cumplir el mandato de que esta iglesia transformara los corazones de jóvenes y familias, hacia Dios, y el uno hacia el otro.

Peleas por los corazones de las personas de tu familia y tu comunidad.

Cuando lo hice, como se dice, el resto es historia. Incluso hoy, pasados los años, Dios sigue derramando Su inimaginable favor sobre nosotros en la Iglesia Cornerstone, y hemos tenido el privilegio de ver salvaciones milagrosas, crecimiento sobrenatural y transformación fenomenal en los corazones de nuestra congregación y nuestra comunidad.

Al pasar de la infancia espiritual a la adolescencia tal vez sientas la tentación de pensar que ya llegaste, que ya no necesitas más cirugía de corazón. Pero todos seguiremos necesitando ese toque quirúrgico de Dios hasta que estemos cara a cara delante de Él. En todo momento, nuestra respuesta es como la del soldado que responde a una orden: "Señor, soy Tuyo. Llévame dondequiera que me necesites". Así como el soldado, como un revolucionario, peleas por los corazones de las personas de tu familia y tu comunidad, día tras día. Pero no luchas a solas porque estás en el ejército de Dios, unido a un grupo de gente que está conectado en espíritu e intención con un mismo propósito: transformar más corazones hacia Dios.

Toda familia, toda iglesia y toda organización ha de pasar por tres etapas: la etapa de la familia, la etapa del equipo y la etapa del ejército. En la etapa de la familia, todo tiene que ver con "quien sea". Quien sea podrá ocuparse de satisfacer una necesidad. No importa el talento, los dones, la capacidad ni tampoco si la persona es la adecuada. Lo que importa es satisfacer la necesidad. En esta etapa dejas que alguien opere en cualquier posición *sabiendo* que no es la persona más adecuada para hacerlo, pero es quien está dispuesto a llevarlo a cabo. Pero solo podrás funcionar en esta etapa de la familia durante un tiempo, porque hay que pasar a la etapa del equipo.

En la etapa del equipo empiezas a descubrir el potencial que Dios puso en cada persona, y empiezas a colocarlos donde mejor encajen, por el bien del equipo. La transición, de familia a equipo, puede ser la más difícil para la familia, la iglesia o la organización porque ahora tiene que haber un cambio: las decisiones ya no se basan en la *relación* sino en el *llamado o en la vocación*. Esta transición, más que cualquier otra, es aquella en la que la gente puede sentirse ofendida, enojada o frustrada. Pero si no existe esta importante transición, no se podrá avanzar a la etapa del ejército. Toda familia, toda iglesia y toda organización necesita esforzarse por llegar a ser un ejército ya que en este entras en la etapa en la que actúas y funcionas con la misma fuerza con que lo hacen las fuerzas armadas. Aunque sí importa la valentía individual, hace falta que todo el ejército trabaje en conjunto para alcanzar resultados revolucionarios.

Los ejércitos funcionan con eficiencia por su claro sentido del orden, de la dirección y del propósito. Si pelean como multitud sin organización, no verán la victoria. Pero si obedecen las órdenes de su comandante y siguen el ejemplo de sus líderes, pueden lograr cosas revolucionarias. Hoy, con las guerras tecnológicas, los comandantes utilizan la destreza y los recursos de la infantería, la artillería, la armada y la fuerza aérea, coordinándolo todo mediante una red de especialistas en comunicaciones. La potencia de las fuerzas armadas no radica en su fuerza como individuos sino en el esfuerzo coordinado.

Es hora de que encuentres tu lugar en la revolución. Tal vez hayas estado en la etapa de la familia, pero percibes que la mano de Dios ahora te lleva a formar un equipo o quizás te hayas capacitado en la etapa del equipo y ha llegado la hora de unirte a la revolución como parte de un ejército bien formado. Donde sea que te encuentres hoy, ha llegado la hora de que encuentres tu lugar en la revolución y descubras cada vez más los planes maravillosos que Dios tiene para tu vida. Este descubrimiento te está esperando, si te unes a tu iglesia local. La iglesia local es el lugar ungido y designado que abre las puertas para que avances. Dios nunca tuvo la intención de que cada uno sirviera por su lado. Formamos parte de Su cuerpo y estamos interconectados. Somos interdependientes. Sé que mucha gente sufrió cosas dolorosas en las iglesias, pero así como Dios revolucionó otras áreas de tu vida, ahora quiere revolucionar la forma en que ves a Su Esposa, Su Iglesia. Cuando te unes a Su amada, no hay nada que se pueda comparar sobre esta tierra. Encuentras personas con alegrías y penas similares, con una visión similar que busca marcar una diferencia y con una pasión similar por Cristo. Esta conexión del corazón con otros creyentes mantiene tu vida latiendo con la pasión de vivir, amar y dirigir desde el corazón, todos los días.

Muchos me han dicho en el transcurso de los años: "No tengo problema con transformar mi corazón, pero para eso no necesito ir a una iglesia para hacerlo". Siempre les digo que ser creyente y no estar conectado con una iglesia local es como ser jugador de fútbol profesional y no pertenecer a un equipo. La realidad es que no podrás ganar el "Supertazón" si no estás en un equipo. Ocupar tu lugar en la casa de Dios es más que "ir a la iglesia". Es llegar a los confines de quien tú eres en realidad. Tú eres la iglesia. Si transformas tu corazón a Dios, eres el cuerpo de Cristo, una representación tangible de Él ante la gente que te rodea cada día.

Dios quiere revolucionar la forma en que ves a Su Esposa, Su Iglesia.

Pablo describe nuestro impacto en la iglesia cuando ocupamos el lugar que nos toca:

Él hace que todo el cuerpo encaje perfectamente. Y cada parte, al cumplir con su función específica, ayuda a que las demás se desarrollen, y entonces todo el cuerpo crece y está sano y lleno de amor. Efesios 4:16 (NTV)

La iglesia solo puede operar bien si estamos conectados mediante relaciones de amor, sinceridad y apoyo. Cuando ocupas tu lugar, eres más que alguien que va a la iglesia: *eres* la iglesia.

En tu comunidad, toda persona que esté tras una puerta es un campo misionero. Dios en Su soberanía ha puesto estratégicamente cerca de ti personas que necesitan oír el mensaje del perdón de Cristo. Cuando ocupas tu lugar en la revolución, te darás cuenta que toda relación, cercana o distante, tiene importancia en la eternidad. Al ocupar tu lugar en *la revolución del corazón*, alientas a otros con tu ejemplo. Cuando te ven, sienten ánimo de confiar en Dios y ocupar también su lugar en la revolución. Como cuerpo, cuando ocupamos nuestros lugares, damos rienda suelta al poder de Dios para transformar más corazones y cambiar más vidas. Nuestra fuerza está en nuestra capacidad para levantarnos unánimes y responder al clamor del mundo. Tú eres la respuesta. Eres quien lleva dentro el Espíritu de Dios, un revolucionario, apartado para hacer Su voluntad. Tu casa, tu iglesia y tu comunidad necesitan que entres en tu destino.

> **Como cuerpo, cuando ocupamos nuestros lugares, damos rienda suelta al poder de Dios para cambiar más corazones, más vidas.**

Josías tenía ocho años cuando Dios le presentó el desafío de tomar su lugar como rey (2 Reyes 22:1). Había visto que su padre se negaba a ocupar su lugar y saboteó su destino, para luego ser asesinado por sus propios oficiales. Josías fue tras la promesa de su destino y siguió lo que Dios le guiaba a hacer, decidiendo no repetir el dolor de su historia familiar. Cuando se enfrentó a los pecados de sus ancestros, en vez de presentar excusas asumió la responsabilidad, se arrepintió y estableció una nueva medida de santidad en su generación. Como resultado la Biblia registra palabras profundas respecto a este joven:

> Nunca antes hubo un rey como Josías, que se volviera al SEÑOR con todo su corazón, con toda su alma y con todas sus fuerzas, obedeciendo todas las leyes de Moisés. Desde entonces nunca más hubo un rey como él. 2 Reyes 23:25 (NTV)

Josías puso primero la santidad, la pureza y la obediencia en su generación y Dios lo declaró revolucionario, como ningún otro ni antes ni después de su tiempo. Tomó su lugar aunque no lo había visto como un modelo en la vida de su padre. Su relación con Dios revolucionó no solo su propia vida sino la de quienes vinieron después de él. Creo que esta generación es la generación de Josías, llamada a tomar su lugar, a establecer nuevas medidas de santidad, a dejar una huella en la historia, definida por los corazones revolucionarios para Jesucristo.

Cuando sabes que tu llamado es a cumplir propósitos más grandes, y avanzas hacia tu destino, nada puede detenerte, ni siquiera la muerte. En el momento de Su traición, la Biblia afirma que Jesús no retrocedió, sino que avanzó para ocupar Su lugar en la revolución:

> Jesús ya sabía todo lo que le iba a suceder, así que salió al encuentro de ellos. Juan 18:4 (NTV)

Nada de lo que le esperaba al otro lado bastó para detenerlo e impedir que ocupara Su lugar. De la misma manera, en ti tiene que haber determinación y tenacidad, para que entres en tu destino. Solo necesitas dar ese primer paso para encontrar tu lugar, como revolucionario.

Avanza hoy, en casa, en el trabajo, en la iglesia local, en tu universidad o en tu centro comunitario. Da ese primer paso revolucionario para transformar los corazones de otros y descubrirás tu lugar en la revolución.

38

Renunciar no es una opción

Los obstáculos no tienen por qué detenerte. Si te topas con una pared, no te des la vuelta ni te des por vencido, resuelve cómo escalarla, atravesarla o rodearla.

—Michael Jordan

E s inevitable. Vas avanzando y persistes, vas marcando una diferencia y entonces de repente pasa algo que te hace pensar en renunciar. No estás solo. En la vida de todo revolucionario llega el punto cuando el renunciar es una opción tentadora. No es que quieras hacerlo, en verdad no lo quieres. Pero la vida a veces te golpea duro, con desaliento o desilusiones que estremecen tus cimientos y te encuentras allí, preguntándote si estás en el camino correcto o si realmente te equivocaste con lo que estás haciendo en la vida. En ese momento, todos sentimos la tentación de renunciar, de abandonar.

La revolución del corazón es la aventura más grande de nuestras vidas, como en todas las aventuras reales nos enfrentaremos con peligros, riesgos y problemas. Hasta Jesús pasó por la tentación de renunciar, pero no lo hizo porque sabía qué era lo que estaba en juego. Había predicado las Buenas Nuevas en toda la tierra prometida. Dondequiera que iba sanaba a los enfermos, resucitaba a los muertos, expulsaba a los demonios, devolvía la vista a los ciegos y enseñaba la verdad de Dios a quien quisiera escucharla. La noche antes de cargar sobre Sus hombros con todos los pecados del mundo, tomó conciencia del terrible dolor y el enorme precio que iba a pagar (Mateo 26:39-44). Oró tres veces: "Padre, que pase esta copa", pero acompañó ese pedido con humilde sumisión: "No mi voluntad, sino la Tuya". Al día siguiente soportó la clase de dolor que ninguno de nosotros podría experimentar, y porque no renunció, nosotros tenemos vida. Cuando entiendes todo lo que Jesús soportó por ti, sin renunciar, encontrarás fuerzas para no darte por vencido.

En las pocas ocasiones en que me he sentido desanimado, miré a Georgina y me pregunté si valía la pena dar nuestras vidas día tras día, semana tras semana. Pero al seguir avanzando y haciendo el esfuerzo, veo que esos momentos no duran. Cuando doy un paso atrás y recuerdo todo lo que hizo Dios, sé que no puedo renunciar. No puedo retirarme solo porque pierda el ánimo por un momento. Dios me recuerda que estoy predestinado a terminar con fuerza, y al saber eso le devuelve al corazón ese sentido de propósito. Pablo escribió sobre este mismo recordatorio:

> ¡Pero gracias a Dios, que nos da la victoria por medio de nuestro Señor Jesucristo! Por lo tanto, mis queridos hermanos, manténganse firmes e inconmovibles, progresando siempre en la obra del Señor, conscientes de que su trabajo en el Señor no es en vano. 1 Corintios 15:57-58 (NVI)

Muchas veces sentimos desaliento y pensamos en renunciar, cuando nos encontramos en medio de la batalla del "hacer" contra el "ser". Es el momento en que estás haciendo de todo en casa, en el trabajo y en la iglesia, pero ves que vas perdiendo tu entusiasmo y tu propósito. Estás en movimiento, pero ya no tienes el mismo impulso. Sientes que tus ruedas giran en falso, que no avanzas. Para muchos, es este el momento en que nos preguntamos de qué vale seguir adelante. "Hacer" no es lo que forma la base de las relaciones y, sobre todo, no es lo que sostiene nuestra relación con Dios. Su invitación para ti, no fue para que seas un esclavo de las tareas, Su invitación es para que seas uno de Sus hijos:

> Ahora ya no eres un esclavo sino un hijo de Dios, y como eres su hijo, Dios te ha hecho su heredero. Gálatas 4:7 (NTV)

Ahora bien, cuando pasas por la vida "haciendo" más que "siendo", es probable que te sientas inadecuado, agotado y desilusionado. Lucharás en contra de esa voz de Dios que te lleva a hacer algo, porque solo ves el trabajo en ello, y no la recompensa. En realidad, el "hacer" no te garantiza que llegues a "ser". ¿Llegar a ser qué cosa? Una persona con plena confianza y autoridad en tu relación con Él. Al elegir ese camino de llegar a "ser", puedes descubrir el gozo, el entusiasmo y la recompensa de estar cumpliendo Su obra en la tierra. Ante la tentación de abandonarlo todo, estarás firme en tu relación como hijo o hija, y te darás cuenta de que nada de lo que pudieras hacer te separará de Él.

Nos encontramos en medio de la batalla del "hacer" contra el "ser".

Hace años, un matrimonio de nuestra iglesia pasó por una de las experiencias más difíciles que pueda enfrentar una pareja. Habían sido fieles en su servicio, crecían en Dios y en su llamado. Se contaban entre los líderes más prominentes de nuestra congregación y su testimonio servía de ejemplo y modelo para muchos. Era uno de los primeros matrimonios que se había casado en nuestra iglesia y ahora esperaba el nacimiento de su primer bebé.

A medida que las semanas se convertían en meses, aumentaban sus ansias y el gozo por la llegada de su hijita. Pero entonces, sin esperarlo, sufrieron la pérdida de su hija. Fue algo devastador, les rompió el corazón, y todos en la iglesia sufrimos con ellos. Esa noche fui al hospital, con pesar en mi corazón por esa querida familia. Sentado en la sala de espera tuve una conversación que jamás olvidaré con ese hombre al que llegué a amar y respetar como a mi propio hijo. Lo escuché mientras lloraba y me decía que no iba a permitir que su familia renunciara a Dios, ni a su matrimonio, ni a la esperanza de que podrían volver a intentarlo. Me repetía una y otra vez: "Pastor, no podemos renunciar. No tenemos esa opción". Me es imposible expresar todo lo que sentí, sentado allí, escuchando a ese hombre con su fe inquebrantable. Lo único que sé es que en esa conversación me pareció que Dios me susurraba: "Él necesita predicar este fin de semana, Sergio".

Intenté borrar de mi mente ese susurro, pensé que era absurdo. Pero la sutil insistencia de Dios siguió acompañándome. Me puse de pie, lo abracé durante un largo rato y me preparé para irme de allí. Sentí que Dios me hablaba con más fuerza que nunca.

Miré al hombre a los ojos y le dije: "Sé que debe parecer una locura, pero creo que deberías predicar este domingo". Me devolvió la mirada y asintió, callado ante su asombro. El hombre no había predicado jamás, pero el Espíritu Santo no me estaba hablando solamente a mí en esa sala del hospital aquella noche. Él sentía esa misma voz insistente. El fin de semana, a pocos días de que su hijita se fuera al cielo, el hombre predicó el primer mensaje de su vida: "¡Renunciar no es una opción!". Años más tarde, me dijo que al subir al escenario, el título pasó de ser una frase a convertirse en una convicción en su corazón, sólida como la roca. Hoy, este matrimonio tiene dos hijas, un hijo y un angelito en el cielo que se llama Faith, que los cuida a todos.

"Pastor, no podemos renunciar. No tenemos esa opción".

Jesús jamás prometió que tendríamos una vida fácil. Sin embargo, una y otra vez te asegura en las Escrituras que jamás te dejará ni te abandonará. El enemigo intentará poner excusas en tu mente para desviarte del camino. Si ese padre hubiera escuchado esas mentiras, habría hallado una docena de razones por las que no tenía sentido alguno seguir a Cristo más allá de ese momento. En cambio, se mantuvo firme en la verdad y decidió que, en realidad, lo que no tenía sentido era *no seguir* a Dios. Jesús es el Creador de todo, por lo que sabe cómo ha de funcionar tu vida. Él está presente contigo en todo momento, así que nada le sorprende. Tiene todo el poder del universo en Sus manos. Nada de lo que se cruce en tu camino está más allá de Su poder para obrar milagros, pero muchas veces, el milagro que Él quiere mostrarle al mundo es el que produce la paciencia, la obediencia y la fidelidad en los corazones de Su pueblo.

Somos personas reales, que vivimos en un mundo real. Un mundo que a veces está lleno de cosas que nos desilusionan y nos causan sufrimiento. Pero nuestro Dios es poderoso. Nos ha probado que tiene poder para cambiar vidas y que todavía no ha terminado de obrar en nosotros. El mundo quizá quiera con-

Dios siempre dirige Sus propósitos a Su manera y a Su tiempo.

vencerte de que a Él no le importa, o que Su poder es limitado o que Él ni siquiera existe. Sin embargo, todo eso es mentira. Los tiempos de Dios pueden ser diferentes a los que preferirías, pero Él siempre dirige Sus propósitos a Su manera y a Su tiempo. Sus propósitos siempre son buenos. Nada es imposible para Dios.

Todos tenemos días en que nos sentimos débiles, desanimados y sin aliento. La forma en que trates con ellos dice más acerca de tu carácter de lo que puedas imaginar. Si sientes la tentación de renunciar, te animo a que fortalezcas tu corazón, enfocando tu atención en el amor y el poder de Cristo, en Su ejemplo de fidelidad y la visión a la que te ha llamado a cumplir. Deja que las palabras del rey David te recuerden que aunque te sientas desanimado, eso no significa que te hayan derribado:

... aunque me han ungido rey, soy todavía débil. 2 Samuel 3:39 (NVI)

Incluso en tus momentos de debilidad, sabrás que Dios te ha escogido y ungido para que sigas adelante. Hoy haz una decisión de no darte por vencido. Sin importar cómo te sientas o las circunstancias que enfrentes, puedes seguir adelante, porque Cristo siguió avanzando, y dado lo que Él es en tu vida, renunciar jamás será una opción para ti.

39

Formando una generación de revolucionarios

Los jóvenes carecen del conocimiento que les hace ser prudentes, por eso intentan lo imposible...y lo logran, generación tras generación.

—Pearl S. Buck

No hay revolución que busque derrocar un sistema de creencias, o de mentalidades sin primero establecer un nuevo estándar y precedente. No basta con levantarte, crear un movimiento, o rebelarse. Toda revolución necesita estar definida por un propósito, por una visión bien trazada. *La Revolución del Corazón* nació en el corazón de Dios no solo para derrocar sino —más importante aun— para establecerse. Hemos sido llamados, como revolucionarios, a establecer un nuevo estándar de pureza, de justicia, de perdón y de obediencia. Pero recuerda que es la próxima generación la que se construirá sobre ese fundamento para seguir edificando. Nuestra tarea consiste en preparar a esta generación para que este movimiento del corazón de Dios siga, no solo en sus vidas sino en cada una de las generaciones que vengan detrás de ellos. Necesitan saber, como los apóstoles, que son llamados a hacer cosas más grandes. Jesús dijo:

> Les digo la verdad, todo el que crea en mí hará las mismas obras que yo he hecho y aún mayores, porque voy a estar con el Padre. Juan 14:12 (NTV)

Las decisiones que tomes hoy en tu corazón llegan mucho más allá del presente, para revolucionar no solamente tu futuro sino el de todos aquellos con quienes te relacionas. Eres revolucionario, y has respondido al llamado de revolucionar a la próxima generación, para Cristo.

Una de las preguntas más reflexivas que tenemos que empezar a responder es: "¿Qué pasará con la próxima generación?".

Nuestra tarea consiste en preparar a esta generación para que este movimiento del corazón de Dios continúe.

La próxima no es una generación igual a la nuestra. Ha sido formada por líderes con influencia, eventos históricos, tendencias contagiosas como ninguna otra generación anterior. Es una generación de audio y sonido, a la que impulsan los medios sociales, las tecnologías digitales y los emprendimientos políticos que superan todo lo que hemos visto anteriormente. El que pueda llegar más allá de las imágenes que ven en sus teléfonos, computadoras y aparatos electrónicos, para pulsar la cuerda que hay en su interior, para hacerlos sentir, pensar, cantar, bailar y llorar, será el dueño de sus corazones. Pero solo hay Uno que podrá penetrar el corazón de la próxima generación con autenticidad y legitimidad. Ese Uno es el revolucionario: Jesucristo.

Para levantar revolucionarios que sigan a Cristo tenemos que dedicarnos a entender qué es lo que los inspira, lo que los frustra, lo que les hace sufrir. Muchos de ellos han experimentado el dolor del divorcio de sus padres, conflictos familiares, y amistades perdidas. Conocieron amigos y compañeros que intentaron suicidarse, lográndolo en algunos casos. Han sido testigos del crimen y de la violencia al punto que ya no les duele. Crecieron en familias, hogares y gobiernos disfuncionales y promesas no cumplidas. La única forma de llegar a esta generación es poseer y dar el ejemplo de lo único que buscan: el compromiso. Hay un anhelo por un compromiso sincero que reconstruya el fundamento de todo lo que esta generación ha visto derrumbarse. Cuando esta generación vea un compromiso como el que Pablo demostró, el propósito detrás de la autoridad empieza a manifestarse:

> Pareciera que estoy jactándome demasiado de la autoridad que nos dio el Señor, pero nuestra autoridad los edifica a ustedes, no los destruye. Así que no me avergonzaré de usar mi autoridad. 2 Corintios 10:8 (NTV)

Una de las preguntas más importantes para todo pastor es esta: "¿Cómo puedo formar líderes del futuro?".

Cuando nuestra iglesia empezó a crecer, a sentir el desafío de formar líderes del futuro, pero no únicamente líderes que pudieran seguir adelante con el trabajo. Sentí que Dios me desafiaba a formar líderes que supieran llevar la iglesia hacia el futuro. Eso causó en mí el deseo de ofrecer una nueva conferencia, dedicada a levantar a la próxima generación. La llamamos "Levántate".

Dios siguió diciéndonos que teníamos que hacer mucho más que dar conferencias para la próxima generación. Nos decía tres palabras: "Compartan el escenario". Una y otra vez, oíamos lo mismo de parte de Dios: "Compartan el escenario".

No hay nada que transmita lo que es nuestra misión y pasión por la revolución en la nueva generación, que el darles la oportunidad de expresar quiénes son por dentro. Tenemos que estar dispuestos a compartir el escenario con ellos, no solo en términos literales, sino espirituales y relacionales. Ellos necesitan saber que pueden dejar salir lo que tienen dentro, para poder refinarlo y darle forma para su futuro. No hay nada que le dé más poder a la próxima generación, que una plataforma para que usen sus dones y talentos. Por eso decidimos hacer algo que no habíamos visto hacer a nadie. Decidimos organizar una competencia de predicación. Era una oportunidad para que los estudiantes se pusieran al frente durante dos minutos y predicaran el evangelio de Jesucristo. Elegían un texto y explicaban el qué, el por qué y el cómo ante una audiencia formada por sus compañeros y ante un panel que conformaba el jurado. Le dimos lugar en el escenario a un grupo de jóvenes adultos, de los cuales la mayoría jamás había tenido oportunidad de estar bajo las luces, ante el micrófono y la cámara, y dejamos que la unción para predicar hiciera lo suyo. Ante el aplauso y apoyo de sus compañeros, la confianza de esos jóvenes subió hasta las nubes.

Se dice que en el reino animal, los más grandes cazadores son los que han olido la sangre de su primera víctima. Al olerla por primera vez, jamás olvidan cómo huele. Y esto causa que lo deseen por el resto de su vida. Poner a esos estudiantes sobre el escenario fue como hacerles oler su propósito por primera vez. Creemos que ya no volverán atrás, porque han tenido una visión de lo que será su futuro. Para algunos, esa fue la confirmación que necesitaban para ir tras el cumplimiento de su llamado.

Esta generación, nuestra generación, está desesperada por comprometerse a ayudar a que la próxima pueda vivir su llamado. Tienen hambre de corregir los errores, de rescatar a los que han caído, de reconstruir lo que ha sido derribado y de exhibir un compromiso incuestionable para cautivar el corazón de la próxima generación. Tenemos la responsabilidad de reinspirarlos para que sigan a Cristo, siendo ejemplos marcados por la verdad y la fidelidad. Aprenderán a amar a Dios con todo el corazón, a valorar las cosas que Dios valora, a tomar decisiones cada día para seguirlo a Él en sus relaciones y deseos, viéndonos a ti y a mí, darles el ejemplo. ¡Por eso esta *revolución del corazón* es tan poderosa! No puedes dar lo que no posees. Antes de que pueda fluir de ti, debe vivir en tu interior.

La mayoría de las cosas que estamos enfrentando en la familia es el resultado de lo que la generación anterior no pudo conquistar. Las malas decisiones de las generaciones pasadas pueden sentirse durante años. Pero de la misma manera, las decisiones adecuadas y los compromisos correctos, pueden cambiar el destino de la próxima generación. En la Biblia, Ezequías

No puedes dar lo que no posees.

ocupó su lugar como rey en una generación que le había dado la espalda a Dios. Él vio los efectos devastadores de las decisiones tomadas por sus ancestros y cómo afectaban a las familias. Por eso, decidió levantarse y dirigir la revolución. Como resultado pudo apartar la ira de Dios de su generación:

> Él fue quien en el mes primero del primer año de su reinado abrió las puertas del templo del Señor, y las reparó. . .Porque nuestros antepasados fueron infieles, sus actos fueron malos a los ojos del Señor nuestro Dios, y lo abandonaron. Apartaron su vista y despreciaron el lugar donde reside el Señor. . .Por eso, nuestros padres cayeron muertos en la guerra, y nuestros hijos e hijas y nuestras esposas fueron llevados prisioneros. Así pues, he decidido hacer una alianza con el Señor, Dios de Israel, para que aparte su ira de nosotros. 2 Crónicas 29:3, 6, 9-10 (DHH)

Hoy, Dios te presenta el desafío de que asumas ese mismo pacto. La próxima generación no tendrá que vivir como prisioneros a causa de los errores de sus padres, abuelos o bisabuelos. Puedes tomar tu lugar hoy para hacer un cambio. Lo que decidas hacer hoy puede reescribir la historia para la próxima generación. El hecho de que la generación pasada no tuviera diplomas universitarios no implica que tú no puedas obtener una maestría. El hecho de que acabaron divorciados no significica que tu matrimonio no durará. Y el hecho de que no sirvieran a Dios no significa que tú no vayas a servirle de todo corazón por el resto de tu vida.

Hoy te digo que no has tomado la jornada de esta *revolución del corazón* para no ver el cambio por el que oraste en las vidas de tus hijos y tus nietos. Decide asumir el compromiso de luchar contra las maldiciones y fortalezas del mal que han estado en tu familia por generaciones y la han lastimado, como lo hizo el rey Ezequías. La esperanza y el futuro de la próxima generación durarán a causa de esto.

Los cambios generacionales se dan no solo por decisiones valientes como la de Ezequías, sino también por la potente combinación del poder de la Palabra de Dios, el poder del Espíritu Santo y las oraciones de los que tienen fe para la próxima generación de revolucionarios. Tus oraciones no son ignoradas, ni quedan sin respuesta. Dios no te ha llamado "padre", "madre", "pastor" o "líder de jóvenes" sin propósito alguno. Tus oraciones son más poderosas de lo que piensas. Impactan a la próxima generación, en el mundo visible así como en el invisible. Tu ejemplo de orar fervientemente por la próxima generación les demuestra tu compromiso por ver que alcancen el éxito. En la atmósfera espiritual, cuando oras por ellos proteges radicalmente su destino y su llamado. A medida en que Dios obre profundamente en ellos, tú cubrirás sus vidas en oración, de modo que Él les dará nueva revelación de cómo sus vidas son importantes para la eternidad. Así se dan cuenta de que deben depender de Dios para poder hacer una diferencia en el mundo.

> **Tus oraciones tienen impacto en la próxima generación, en el mundo visible así como en el invisible.**

Entonces, ¿qué es lo que pedimos en oración cuando oramos por la próxima generación? Las oraciones de Pablo por los de las iglesias en las que modeló el amor y la vida, nos sirven de ejemplo también a nosotros. En su Carta a los Colosenses, dijo:

Por eso, desde el día en que lo supimos no hemos dejado de orar por ustedes. Pedimos que Dios les haga conocer plenamente su voluntad con toda sabiduría y comprensión espiritual, para que vivan de manera digna del Señor, agradándole en todo. Esto implica dar fruto en toda buena obra, crecer en el conocimiento de Dios y ser fortalecidos en todo sentido con su glorioso poder. Así perseverarán con paciencia... Colosenses 1:9-11 (NVI)

Imagina solo por un momento cómo serían nuestras iglesias, nuestra sociedad y nuestra nación, si los padres, las madres, los pastores y los líderes juveniles oraran como Pablo por la próxima generación. "Pedimos que vivan de manera digna del Señor", son palabras revolucionarias para la cultura de hoy. Sin embargo, les hace falta saber que los cubrirás, que los protegerás, que crees en ellos, que los alientas, y que los defiendes.

Todo niño, todo adolescente, todo joven adulto que haya en tu mundo es la esperanza del futuro. Estos líderes de la próxima generación serán marcados por su pasión de vivir, amar y dirigir desde el corazón. Y pasaran el legado de esta *revolución del corazón* mucho después de que tú ya hayas cumplido con tu llamado. Son revolucionarios por derecho propio y es responsabilidad nuestra, además de ser un privilegio y nuestra misión, darles las herramientas que necesitan para alcanzar la victoria en todas las áreas de sus vidas. La Biblia les manda a obedecer y honrar a sus padres, pero afirma más que eso. Les dice algo a los padres y a las madres también:

Padres, no hagan enojar a sus hijos con la forma en que los tratan. Más bien, críenlos con la disciplina e instrucción que proviene del Señor. Efesios 6:4 (NTV)

¿Significa eso que no los disciplines o corrijas cuando se apartan del buen camino? Claro que no. Significa que si te comprometes a formar a la próxima generación en tu hogar, tu iglesia y tu comunidad, no pierdas de vista jamás que estás formando a un verdadero *revolucionario*, a alguien que ha sido llamado a derrocar el estándar y mentalidad presente, estableciendo la supremacía de un nuevo precedente que causa un cambio dramático.

Ellos son el futuro. Pero te necesitan hoy. Necesitan tu compromiso, tu amor y tu fe, todos los días. Tu compromiso de hoy limpia a su generación y les da espacio para llegar a ser todo lo que Dios los ha llamado a ser. Si te cuesta conectarte con la próxima generación, pídele a Dios que expanda tu visión por ellos, para que puedas verlos como Él.

Así como el Padre llamo a Su Hijo, Su Amado, de la misma manera llama a nuestros hijos e hijas. Ellos son Su generación amada, apartada para que hagan cosas maravillosas para Él. Asóciate con Dios hoy, para formar una generación que cambie al mundo para siempre.

40

Si no lo haces tú, ¿quién lo hará?

Si no lo haces tú, ¿quién lo hará? Y si no es ahora,
¿cuándo entonces?

—Hillel

Has llegado casi a al final de esta jornada llamada: *La revolución del corazón*, y con el premio de haber terminado viene la genuina transformación. Ya no eres la misma persona que comenzó esta jornada. Has perseverado, has soportado, has vencido. En estos últimos cuarenta días, obtuviste más revelación, más comprensión, más perspectiva y visión para tu futuro, para vivir, amar y dirigir con propósito. Sin embargo, *la revolución del corazón* no termina con la última página de este libro. La intención es que dure toda una vida. Cuando cierres este libro por última vez, lo que mantendrá viva dentro de ti esta revolución será la condición y calidad de tu corazón. Al reflexionar en estos últimos cuarenta días, quiero hacerte estas tres últimas preguntas:

- Si no lo haces tú, ¿quién lo hará?
- Si no es aquí, ¿dónde será?
- Si no es ahora, ¿cuándo entonces?

A lo largo de la historia vemos que a veces aparece una persona desconocida e inesperada, que toma su posición dada por Dios y hace una diferencia enorme en la vida de alguna familia, de una ciudad o nación. Las palabras del rey Salomón nos confirman que la condición en que nacimos no necesariamente determina nuestro futuro:

La revolución del corazón no termina con la última página de este libro.

> Un joven así podría salir de la pobreza y triunfar. Hasta podría llegar a ser rey, aunque hubiera estado en la cárcel. (Eclesiastés 4:14, NTV)

Los que toman su lugar en *la revolución del corazón* y cambian al mundo no son distintos a ti ni a mí. Tienen los mismos deseos y temores, pero han decidido que sus vidas tendrán importancia. Se han convencido de tres verdades que son cruciales:

- Tienen una causa por la que vale la pena vivir y morir.
- Han llegado muy lejos como para regresar.
- Están convencidos de que todo comienza con ellos.

Ester no se consideraba una heroína. A causa de algunas circunstancias inusuales, esta joven y bella muchacha judía llegó a ser la reina de Persia. Pero Amán, uno de los nobles del rey, detestaba a los judíos, por lo que conspiró para matarlos a todos, convenciendo al rey de que emitiera un decreto para matar a todos los judíos. En ese momento crucial de la historia del pueblo de Dios, el primo de Ester, Mardoqueo, se dio cuenta de que Dios había puesto a Ester en la estratégica posición de reina para rescatar a Su pueblo. Por eso le pidió que arriesgara su vida, presentándose ante el rey sin ser invitada, para pedirle que cambiara su ley de matar a los judíos. Cuando ella dudó, Mardoqueo le dijo:

"No te imagines que por estar en la casa del rey serás la única que escape con vida de entre todos los judíos. Si ahora te quedas absolutamente callada, de otra parte vendrán el alivio y la liberación para los judíos, pero tú y la familia de tu padre perecerán. ¡Quién sabe si no has llegado al trono precisamente para un momento como éste!". Ester 4:13-14 (NVI)

Dios había puesto a Ester en ese lugar en un momento crítico de la historia. Cuando ella se dio cuenta de eso y entendió qué era lo que estaba en juego, obedeció. Lo arriesgó todo con tal de salvar a su pueblo.

Creo que Dios nos ha puesto, a cada uno, en un lugar en particular, con determinadas personas en un momento específico de la historia, por la misma razón: para rescatar, restaurar y revolucionar.

Para muchos, la realidad de que Dios haya escogido ese momento en la historia para usarte como revolucionario es algo asombroso, incomprensible e inconcebible. Sin embargo, a través de esta *revolución del corazón* ya has empezado a creer en lo increíble. ¿Por qué te detendrías ahora? Crees en Dios, crees en el cielo, crees que Él ha transformado tu corazón y que te ha perdonado tus pecados. ¿Por qué te detendrías allí? Continúa creyendo en lo increíble. A medida que continúes poniendo en práctica los puntos clave y los principios de *la revolución del corazón* te desafío a que empieces a recibir en tu vida con agrado las cosas que parecen demasiado buenas como para ser verdad. Su favor, Su bondad y Su perdón no son solo temas de los que leíste aquí en los últimos cuarenta días. Son verdades vivas, creencias activas, y compromisos personales del corazón que atraen Su maravillosa bendición para toda tu vida.

Estas próximas semanas no son para que te apartes de Su Palabra, Su presencia ni Sus propósitos. Quiero desafiarte a que no cierres el libro ni lo dejes en el estante para luego olvidarte de la revolución que Dios ha comenzado en ti. A medida que sigas practicando los hábitos diarios espirituales del corazón —tomándote tiempo para leer Su Palabra y permanecer en constante comunicación con Él a través de la oración—, mantén este libro contigo y reflexiona en lo que experimentaste. Recuerda que esta revolución no es *algo que haces*. Es *lo que eres*.

Dios ha escogido este momento en la historia para usarte como revolucionario o revolucionaria.

En un punto del ministerio de Jesús, dos hombres dijeron que le seguirían, pero con condiciones. Los dos impusieron términos y condiciones para obedecer. Lucas nos dice que la respuesta del primero a la invitación de Jesús fue:

Señor, deja que primero regrese a casa y entierre a mi padre. . .Otro dijo: Sí señor, te seguiré, pero primero deja que me despida de mi familia. Jesús le dijo: El que pone la mano en el arado y luego mira atrás no es apto para el reino de Dios. Lucas 9:59-62 (NTV)

Las palabras de Jesús tal vez parezcan duras pero, como siempre, Él se ocupaba del corazón de la persona, no de las excusas.

Si das un paso adelante, en fe, y vives esta revolución desde el interior hacia afuera cada día, tal vez llegues a sentir la tentación de presentar excusas. Podrás temer al futuro, pero mantente confiado en Dios porque ya has visto Su fidelidad en acción en el pasado. Quizá no sepas bien cómo tomar todo lo que aprendiste para aplicarlo a tu vida cotidiana, pero te animo a que sigas en contacto con las verdades que Él ha depositado en tu corazón, y que ores pidiendo Su guía y sabiduría. Probablemente, te preocupe cometer errores y terminar en el camino equivocado, pero te digo que te mantengas lleno de fe sabiendo que Aquel que te rescató antes volverá a rescatarte otra vez si fuera necesario.

En las últimas semanas has conquistado mucho más de lo que imaginabas, venciendo mucho más de lo que hayas soñado jamás. Pero hay una última cosa que tendrás que enfrentar, para poder seguir en el camino correcto. Tómate un momento para reflexionar en el área de tu vida en particular que a lo largo de todo este libro has cargado y que ahora estás dispuesto a dejar atrás. Puede ser un sueño sin realizar, que sigue doliéndote en el corazón o quizá sea una relación que te ha estado pesando desde la primera página y que Dios te ha estado diciendo que tienes que terminar. Tal vez se trate de un mensaje de correo electrónico que nunca enviaste, de una carta que jamás escribiste o de una conversación que vienes posponiendo desde hace tiempo. *Este es tu momento* para dar ese paso ¡y terminar con lo que comenzaste! Escribe cuál es esa área y comprométete a confrontarla hoy mismo. Eres un revolucionario y nada puede dañar tu habilidad de vivir, amar y dirigir desde el corazón.

_____

_____

_____

_____

_____

_____

_____

Para algunos de ustedes, el terminar esta jornada ha sido el compromiso más largo de sus vidas. ¡Pero lo lograron! Permitieron que Dios cautivara sus corazones y revolucionara sus vidas. Hoy han de saber con toda confianza que son la verdadera esencia y el reflejo de la *revolución del corazón*. Ya no son los mismos. Han tomado su lugar, con la decisión de derrocar mentalidades, costumbres y tradiciones que pesaban en sus corazones. Y lo más importante es que han establecido un nuevo precedente en sus vidas, uno que empieza y termina en el centro de su ser: el corazón. Han transformado el corazón a Dios y a su familia, y desarrollado el potencial que Dios les ha dado. Ahora es tiempo de empezar a avanzar Su reino, primero en su círculo de influencia, y luego, a medida que Él les vaya dando la oportunidad, a todas las naciones del mundo.

En todo lo que hagas, sigue fiel a tu corazón, y mantente firme en tu fe. No permitas que el gozo de conocer, amar y servir a Jesús se escape por los corredores de tu corazón. Recuerda que nadie espera perfección de tu parte, solo progreso. Tómate tiempo para estar hoy y todos los días en la presencia de Dios, para volver a llenar tu corazón con Su verdad y Su amor. Cuando necesites un recordatorio de todo lo que Él ha hecho en tu vida, repasa estas páginas de nuevo y revive la revolución que está en tu interior. Eres Su hijo, Su hija y Su respuesta al mundo. Eres Su revolucionario o revolucionaria, a quien Él escogió, apartó y ungió para que más corazones se vuelvan a Él. Su corazón ahora late acorde con el tuyo y no hay nada fuera de tu alcance. Esta *revolución del corazón* está viva en cada una de tus palabras, en cada una de tus acciones, y en cada una de las decisiones que hagas desde tu corazón.

Y eso es porque esta revolución siempre tendrá que ver con solamente una cosa: tu corazón.

Notas

1. J. I. Packer, *Knowing God* [Conociendo a Dios] (Downer's Grove, IL: InterVarsity, 1973), p. 227.
2. Philip Yancey, *Reaching for the Invisible God* [Buscando al Dios invisible] (Grand Rapids: Zondervan, 2000), p. 69.
3. Marianne Williamson, *A Return to Love: Reflections on the Principles of a Course in Miracles* [Regreso al amor: reflexiones sobre los principios de un curso sobre los milagros] (New York: HarperPerennial, 1996), pp. 190-191.
4. Paul Tournier, *The Meaning of Persons* [El significado de las personas] (Cutchogue, NY: Buccaneer, 1999).
5. Packer, *Knowing God* [Conociendo a Dios], p. 74
6. Josh McDowell, *One Year Book of Youth Devotions* [Devocional para jóvenes, en un año], vol. 2 (Wheaton: Tyndale, 2003), p. 275.

Sergio De La Mora es pastor principal de la Iglesia Cornerstone de San Diego, considerada la tercera en crecimiento en Estados Unidos, por la revista *Outreach* en 2009. La Iglesia Cornerstone empezó con solo cuatro matrimonios y hoy cuenta con 4,500 miembros en su congregación, y sigue creciendo. De La Mora es cofundador del Centro Cambiando Corazones, una organización sin fines de lucro para jóvenes y familias. El innovador estilo de liderazgo de De La Mora y su potente mensaje le han convertido en entrenador espiritual y muy conocido disertante. En 2008 lanzó la Conferencia Anual de la Revolución del Corazón, que reúne a líderes de todo el país con el propósito de revolucionar los corazones de la próxima generación.

Para un mensaje inspirador de *La revolución del corazón*,
de Sergio De La Mora, e información sobre el desafío
de los 40 días para tu corazón, visita el sitio

www.sergiodelamora.com/heartrev

Conéctate a:

 Sergio De La Mora

 PastorSergio   PastorGeorgina

 theheartrev

BakerBooks
a division of Baker Publishing Group
www.BakerBooks.com

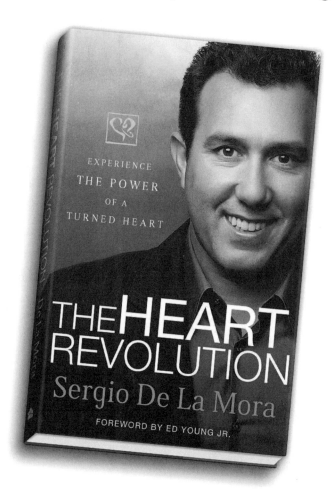
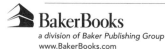